I love Australien

Ein hilfreicher und individueller Reiseführer, um das Beste aus deiner Zeit in Australien zu machen. Lass das Abenteuer beginnen!

Von S. L. Giger als *SwissMiss on Tour*

Es gibt Gegenden auf der Welt, die so schön sind, dass man sie an sein Herz pressen möchte!

- Antoine de Saint-Exupéry.

ISBN: 9781726628426

Umschlaggestaltung: Germancreative von Fiverr
Übersetzt aus dem Englischen durch: Seraina Giger
Im Selbstverlag herausgegeben. Kontaktperson: Seraina Giger: swissmissstories@gmail.com
Gedruckt durch Createspace in den USA

Erhalte eine gratis Packliste

Vergesse nie wieder etwas Wichtiges und verschwende keine Zeit mit Packen. Lese lieber noch mehr gute Tipps über deine Destination! Sende eine E-Mail mit dem Betreff: **Packliste**, um eine gratis Packliste zu erhalten. Zusätzlich bekommst du noch die Highlights aus meinem Thailand Reiseführer.

Schicke die E-Mail an: swissmissstories@gmail.com und du erhältst dein Geschenk.

Inhalt

10 Gründe warum du dich auf deine Australienreise freuen kannst, auch wenn du noch nicht hundertprozentig überzeugt bist

1. Australien hat paradiesische, einsame Strände.

2. Du wirst süße Koalas, Kängurus, Delfine und Wale in der Wildnis sehen.

3. Australien ist das Land mit dem besten Kaffee. Egal wo du dir eine Tasse gönnst, der Kaffee wird immer wunderschön angerichtet sein.

4. Die Städte sind modern und bieten interessante Architektur, großartige Museen und Unterhaltung für jedermann.

5. Du wirst nicht aufhören können "wow" zu sagen, wenn du auf einer Outback-Straße fährst. Sie könnte zu einem atemberaubenden Wasserfall, einer natürlichen Badewanne oder hohen Bäumen führen, auf welche man klettern kann.

6. Die Leute sind sehr hilfsbereit und egal ob dein Auto kaputtgeht oder ob du erst spät in der Nacht ankommst und alles bereits geschlossen ist, jemand wird dir sofort helfen.

7. Es gibt immer noch Orte ohne Wi-Fi und Telefonempfang. Eine nette Abwechslung zu unserem geschäftigen Leben.

8. Auch mit all den Möglichkeiten, die wir heutzutage haben; in Australien kann man immer noch Abenteuer finden und sich wie ein Entdecker in alten Zeiten fühlen.

9. Australien hat einen hohen Standard für alles. Die Unterkünfte sind schön und jede Mahlzeit in Restaurants oder an Ständen wird köstlich sein.

10. Australien bietet für jeden etwas. Wandere auf spektakulären Klippen, surfe Weltklasse Wellen, genieße ruhige und malerische Sonnenuntergänge, schlürfe ein Glas preisgekrönten Wein, feiere mit anderen lebenslustigen Menschen und noch viel mehr. Worauf wartest du?

Über die Autorin von diesem Reiseführer

Hallo!

Jetzt, wo ich mit diesem Reiseführer fertig bin, erfüllt mich die Reiselust für Australien erneut, fast so stark wie vor meiner großen Australienreise. Nur schon über die schönen Orte zu lesen und mich an die wundervollen Menschen zu erinnern, die ich getroffen habe, machte mich immer wieder dankbar, dass ich in Down Under so viele großartige Erfahrungen machen konnte. Aber spulen wir ein paar Jahre zurück: Ich liebte das Reisen schon immer. Ob als Kind mit meiner Familie in ein All-Inclusive Strand Resort zu gehen oder während eines Austauschjahres in den USA allein in die Welt hinaus gehen zu wollen, ich hatte immer den Drang neue Orte zu sehen und zu erleben. Australien hat mich seit meiner Schulzeit angezogen. Dieser ferne Kontinent auf der anderen Seite der Welt schien atemberaubend schön und bot mir alles, was ich wollte: Sonnenschein, die schönsten Strände, frei hüpfende Kängurus und süße Koalas. Also, wie so viele andere Menschen in Deutschland oder in der Schweiz, entschied ich mich nach der Universität ein Zwischenjahr zu machen. Work and Travel im Land meiner Träume wirkte wirklich wie ein wahr gewordener Traum! Leider ist es nicht möglich, als Schweizer ein Work and Travel Visum zu erhalten. Ich habe meine französischen und deutschen Nachbarn dafür sehr beneidet! Also entschied ich mich dafür sechs, statt zwölf Monate in Australien zu reisen und dafür jedoch hauptsächlich zu reisen anstatt zu arbeiten. Ich habe dann trotzdem noch ein bisschen gearbeitet und

vor allem habe ich mit vielen Work and Travelers und Woofern gesprochen. Du findest in diesem Reiseführer also alle Informationen, die du für eine positive Arbeitserfahrung benötigst.
Dank all meiner Zeit als Reisende habe ich viel von Australien gesehen und lass mich dir sagen, die Weite des Outbacks, die Farben des Sandes und der Ozeane (ja, es gibt verschiedene Ozeane um Australien), die Tiere, die angesagten Städte und die Sonnenuntergänge sind faszinierend.
Ich kaufte ein Auto und erkundete das Outback mit Reisefreunden, die ich in den australischen Reiseforen kennenlernte. Ich habe mit Freunden einen Van gemietet, nachdem mein Auto kaputtgegangen ist (auch eine lustige Geschichte). Die ganze Ostküste habe ich mit Greyhound bereist und bin an allen Haltestellen ausgestiegen, die man unbedingt sehen muss. Ich machte einige Gruppenreisen, um die bekanntesten Wahrzeichen zu sehen, begegnete liebenswerten Menschen und lebte einen Monat in einer der besten Städte der Welt; Melbourne. Kurz gesagt: Ich habe alles gemacht und jede Minute genossen. Ich hoffe, dass dir dieser Reiseführer hilft, dass du ein genauso gutes Erlebnis für dich schaffen kannst. Sei es ein dreiwöchiger Urlaub oder ein komplettes Zwischenjahr.

Nach Australien habe ich als Lehrerin in der Schweiz angefangen zu arbeiten. In meiner Freizeit reise ich immer noch so oft es geht. Du kannst auf meinem Blog www.swissmissontour.com mehr über meine anderen Reisen lesen.

Neben diesem Reiseführer schreibe ich auch Fantasy-Romane und andere "I love ..." Reiseführer.

Jetzt erstmal viel Spaß beim Lesen über Australien. Genieße dann einige Sonnenuntergänge für mich!

Zu deiner Information: In diesem Buch spreche ich immer über **AUD (Australische Dollar)**, wenn es ein $ -Zeichen hat.

1 Australien Highlights

Viele Male wurde ich gefragt, was mein Lieblingsort in Australien sei. Australien ist jedoch ein so vielseitiges Land, dass es unmöglich ist, nur ein oder drei Highlights zu nennen. Deshalb habe ich mehrere Listen erstellt.

Natur:

1. **Karijini Nationalpark:** Erstaunliche Schluchten mit Felsen in schönen Rot- und Orangetönen und klarem, grün-blauem Wasser als Kontrast. Die Wanderungen dorthin beinhalteten Schwimmen und Klettern und waren daher sehr unterhaltsam. Die Nächte auf den wilden Campingplätzen waren wunderschön und das Fahren auf den Outback-Straßen während des Tages machte eine Menge Spaß (obwohl es eine Qual für mein Auto war und alles, was wir besaßen, mit rotem Staub eindeckte.)

2. **Litchfield NP:** Wasserfälle und natürliche Pools, WOW!!

3. **The Blue Mountains:** so nahe an Sydney, aber so tolle Aussichten und schöne Wasserfälle.

4. **Whitehaven Beach** in den Whitsundays. Der gesamte Segelausflug war super.

5. **Tauchen am Great Barrier Reef**

6. **Sonnenuntergänge über langen, geraden Straßen, umgeben von der Natur** (und all die Sterne an abgelegenen Orten in der Nacht.)

Strände:

Hier ist es schwierig eine Liste zu machen, weil ich Strände generell liebe. Die meisten würden wahrscheinlich erwarten, dass ich den Whitehaven Beach an die Spitze setze. Lies weiter, um zu erfahren, warum ich dies nicht getan habe.

1. **Strände in Margaret River.** Wild und wunderschön mit surfbaren Wellen

2. **Bundegi Beach in Exmouth** (weil wir uns fühlten, als ob wir einen Geheimort gefunden haben)

3. **Esperance, Lucky Bay** (solch weißer Sand und Kängurus am Strand)

4. **Coral Bay** (strahlend weißer Sand und kristallklares Wasser)

5. **Whitehaven Beach** (Die Aussicht von der Aussichtsplattform ist wahrscheinlich die spektakulärste, die ich in Australien gesehen habe, aber der weiße Strand selbst ist nicht so anders als der von Esperance oder Exmouth. Außerdem mussten wir einen Quallen-Anzug tragen und so konnte ich leider keinen direkten Kontakt mit dem schönen klaren Wasser haben.)

Dicht darauf folgt **Cottesloe** in Perth.

Städte

1. **Melbourne**
2. **Margaret River** (Wein, Schokolade, Käse, Natur,… Was braucht man mehr?)
3. **Fremantle**
4. **Noosa** (das Margaret River von der Ostküste)
5. **Albany** (sehr Backpacker-freundlich, viele, schöne, gratis Campingplätze)
6. **Sydney**

2 Dinge, die du vor deiner Australienreise beachten solltest

Egal, ob du Australien nur für einen dreiwöchigen Urlaub besuchst oder deinen Job zu Hause für ein Jahr aufgibst, es gibt viele Dinge zu beachten. Nachfolgend findest du all das Wissen, das ich während meiner Zeit in Australien als nützlich empfunden habe, damit du in diesem wunderbaren Land die bestmögliche Erfahrung machen kannst.

2.1 Dein Visum

Um herauszufinden, welches Visum du wirklich brauchst, fülle das kurze Quiz auf der Home Affairs Webseite (www.homeaffairs.gov.au/Trav/Visa-1) aus. Auf derselben Seite kannst du dann dein Visum beantragen. Dies ist kostenlos, du musst nur die Standard-Visa-Gebühr bezahlen. Wenn du ein normales **eVisitor (Subclass 651)** Touristenvisum (Mehrfacheinreisen von 3 Monaten in sechs Monaten) brauchst, kannst du Australien sogar komplett kostenlos betreten.

Du solltest dich um dein Visum kümmern, bevor du etwas anderes für deine Reise planst, nur um sicher zu gehen, dass alles klappt.

Mit dem **Visitor Visa (Subclass 600)** kannst du für sechs oder zwölf Monate als Tourist nach Australien einreisen. Die Kosten beginnen bei $140.

Wenn du arbeiten und reisen möchtest, benötigst du ein **Working Holiday Visa (Subclass 417)**. Du bist berechtigt für dieses Visum, wenn du mindestens 18 Jahre alt und noch nicht 31 Jahre alt bist, wenn du während deines Aufenthalts in Australien nicht von einem Kind begleitet wirst und wenn du einen Reisepass aus einem berechtigten Land hast. Abgesehen davon, dass du bis zu 12 Monaten arbeiten könntest, könntest du mit diesem Visum auch für bis zu vier Monate studieren. Du musst dein erstes **Working-Holiday-Visum** beantragen, solange du noch nicht in Australien bist. Beim Working-Holiday-Visum könnte dich die Behörde bitten, einen Kontoauszug beizulegen, der bestätigt, dass du mindestens 5000 US-Dollar auf deinem Konto hast. Falls du nicht über solch eine Summe verfügst, könnte es dir vielleicht jemand aus dem Familien- oder Freundeskreis leihen. Die Kosten für das Working-Holiday-Visum beginnen bei $440.

2.2 Wie man einen angenehmen Flug hat

Für die meisten Menschen ist Australien auf der anderen Seite des Globus. Down Under. Was bedeutet, dass du mit einem laaaaangen Flug konfrontiert wirst. Um es dir angenehmer zu machen, **wähle eine Fluggesellschaft, die du magst** und vielleicht kannst du einen **Zwischenstopp in einer Stadt hinzufügen**. Mit Emirates kannst du zum Beispiel für eine oder zwei Nächte einen Zwischenstopp in Dubai buchen. Dies wird dir eine angenehme Pause zwischen den Flügen bereiten. Auf der anderen Seite möchtest du das ganze vielleicht einfach hinter dich bringen. Bringe in diesem Fall etwas zu lesen oder mache einen Filmmarathon im Flugzeug. Vergesse nicht, viel Wasser zu trinken, um nicht dehydriert zu werden und kreide deine Füße von Zeit zu Zeit, um genug Blut durch deine Beine zu pumpen.

Wenn du denkst, dass das Fliegen nach Australien zu teuer ist, kannst du deinen Flug in mehrere Etappen aufteilen. Zum Beispiel könntest du einen guten Deal finden, um nach Bali zu fliegen und dann billig mit AirAsia von Bali nach Australien reisen. Wenn es dir nichts ausmacht, mehrere verschiedene Buchungen durchzumachen und das Gepäck zwischendurch neu einzuchecken, ist dies vielleicht die beste Option.

2.3 Wichtiges Wissen für dein Zwischenjahr

Wenn du dein Zuhause für mehrere Monate bis hin zu einem Jahr verlässt, gibt es einige Vorbereitungen, an die du denken musst. Hier ist eine kurze Checkliste für das, was du beachten musst, bevor du ins Flugzeug steigst.

- Ist dein Reisepass auf den neuesten Stand? Er muss mindestens 6 Monate nach dem Verlassen Australiens noch gültig sein.
- Hast du dein Visum bekommen?
- Ist deine Kreditkarte während deiner gesamten Reise gültig (du benötigst sie, um Flüge und Hostels zu buchen und Autos zu mieten)? Oder nimmst du eine Prepaid-Kreditkarte mit?

- Wer kümmert sich um deine Wohnung, während du weg bist? Wohin wird deine Post weitergeleitet? Können deine Eltern / ein guter Freund wichtige Briefe öffnen, die während deiner Abwesenheit ankommen? → Ermächtige jemanden mit dem offiziellen Formular der Post oder Bank dazu.
- Hast du alle Abonnements und Verträge (öffentlicher Verkehr, Telefon, Internet, ...) für Dinge, die du während des Zwischenjahrs nicht benötigst, gekündigt?
- Erkundige dich bei deiner Versicherung / Krankenkasse, was im Ausland abgedeckt ist. Vielleicht musst du eine zusätzliche Reiseversicherung abschließen.
- Musst du zusätzliche Gebühren in eine Pensionskasse einzahlen, weil du in deinem Heimatland kein Gehalt verdienst? (Das ist in der Schweiz der Fall)
- Hast du deinen internationalen Führerschein bekommen? Es ist ab dem Ausstellungsdatum für drei Jahre gültig.
- Hast du einen guten Rucksack (ich empfehle Osprey) oder einen Koffer?
- Hast du dein Flugticket gekauft?
- Hast du die Unterkunft für die ersten Nächte gebucht?
- Hast du alle notwendigen Dokumente (Lebenslauf, Motivationsschreiben, um einen Arbeitsplatz zu finden, Kopie des Reisepasses, etc.) in einer Cloud gespeichert, damit du in Australien darauf zugreifen kannst?

Das sind nur die Dinge, die du beachten musst, bevor deine Reise beginnt. Was kannst du tun, sobald du in Australien bist, um deinen Aufenthalt zu erleichtern?

Zwei Tipps gleich am Anfang: Wenn dir das einfache Backpacker-Essen, bestehend aus Tütensuppe, zum Hals heraushängen, gehe an den $5 Abenden zu Domino's Pizza. Der zweite Tipp ist, Peterpan's Reisebüro zu besuchen. Sie haben Büros in jeder größeren Stadt und bieten gute Angebote für Backpacker. Darüber hinaus halten sie regelmäßige Partynächte, an denen viele kostenlose Leckereien angeboten werden und man viele nette Leute kennenlernt.

2.3.1 Wie man für Langzeitreisen packt

In der **kostenlosen Packliste** von diesem Buch findest du alles, was du für deine Zeit in Australien brauchst. Es beginnt mit einem internationalen Ladegerät, geht über Socken und endet bei Campingausrüstung. Zu der Menge kann ich dir sagen, dass weniger besser ist. Du willst dich wohlfühlen, wenn du von Ort zu Ort gehst und jedes zusätzliche Kilo wird ein Ärgernis sein. Wenn du in Hostels oder auf einer Farm schläfst, teilst du dein Zimmer mit vielen anderen Reisenden, die sich in der gleichen Situation befinden wie du. Du wirst froh sein, wenn dein Gepäck nicht viel Platz braucht und vielleicht in das Schließfach unter dem Bett passt. Aus meiner Erfahrung kann ich ungefähr die gleichen Sachen packen, ob ich für drei Wochen oder ein halbes Jahr verreise. Du musst überlegen, ob du Winter- und

Sommerkleidung brauchst, aber abgesehen davon, solltest du nur etwa für drei Wochen Kleider mitnehmen. Spätestens alle drei Wochen musst du deine Sachen dann halt waschen.

2.3.2 Welche australische Sim-Karte solltest du kaufen?

Es gibt drei Hauptnetzwerke zur Auswahl: **Telstra, Optus** und **Vodafone**. Alle sind GSM-Netze und bieten 4G-Dienste an. Dies bedeutet, dass Besucher aus den meisten Ländern Europas und Asiens in der Lage sein werden, eine australische SIM-Karte in einem Telefon zu verwenden, das sie bereits besitzen.
Abgesehen von diesen drei gibt es viele kleinere Anbieter. Diese verkaufen Dienste von Telstra, Optus oder Vodafone, man bekommt aber oft mehr fürs Geld. Von den drei Netzwerken wird gesagt, dass Telstra die beste Abdeckung hat, besonders in ländlichen Gebieten. Aber selbst mit Telstra hatte ich mehrere Tage in WA und im NT überhaupt keinen Empfang. Am Anfang war es etwas beängstigend für mich, danach war es befreiend. Wie schön, nicht ständig in Verbindung bleiben zu müssen und einfach den Moment zu genießen, in welchem man gerade ist.
Du kannst dir eine SIM-Karte und ein Internet-Packet kaufen, sobald du am Flughafen in Australien ankommst. Oder dann in Supermärkten wie 7/11, Coles und Woolworths und natürlich direkt in den Telefongeschäften.

2.3.3 Wie man mit dem Work and Travel Visa Arbeit findet

Wie für Reisepartner, Autos und Camping Utensilien findest du auch Arbeit auf www.gumtree.com.au.

Mein Traumjob wäre gewesen, in einem Peterpan's Reisebüro (viele junge Leute arbeiten dort) oder in einem Hostel zu arbeiten. Es kann nicht schaden, irgendwo anzufragen und daher schicke einem Arbeitsort doch einfach eine E-Mail mit deinen Bewerbungsunterlagen. Leider kam ich als Schweizerin nicht für das Work and Travel Visa in Frage. Trotzdem wollte ich diese Erfahrung machen und zum Glück war meine Mitbewohnerin in Melbourne Managerin eines Restaurants. Ich durfte Flyer für das Restaurant verteilen und an der Bar gegen Cash arbeiten. Dies war eine lustige Erfahrung und das Team war nett, sodass ich einige australische Freunde gefunden habe.

Der typische Job für Leute mit einem Working-Holiday-Visum ist jedoch die **Arbeit auf einer Farm**.
Es hat viele Jobs zur Auswahl und du kannst bereits schon einen Job ergattern, indem du **Leute fragst**, sobald du in Australien bist. Daher sehe ich keine Notwendigkeit, eines der vielen "Willkommenspakete" zu kaufen, die man im Internet finden kann. Wenn du jedoch sehr unsicher bist, könnte ein solches Paket eine gute Option für dich sein. Auf der anderen Seite kannst du dich auch für temporäre Jobs online bewerben.
Ich habe viele verschiedene Geschichten von Leuten gehört, die in Australien gearbeitet haben. An manchen

Orten wirst du eine großartige Erfahrung mit tollen Leuten machen und an anderen Orten wirst du einen schrecklichen Boss haben, der Backpacker ausnutzt. Meine Empfehlung lautet: Tu dir nichts an, wo du leidest. Wenn du die Atmosphäre an einem Ort nicht magst, verschwende keine Zeit, indem du dortbleibst. Du wirst auch an einem anderen Ort wieder etwas finden. Australien ist schließlich ein großes und schönes Land. Die folgenden Webseiten informieren dich über viele Jobs.

http://www.backpackerjobboard.com.au/

http://ibackpacker.com.au/

https://www.seek.com.au/backpacker-jobs

Stelle sicher, dass du, wenn du dich für den Job bewirbst, erwähnst, dass du ein Working-Holiday-Visum hast. Stelle zudem die notwendigen Unterlagen zur Verfügung, damit sie dich einstellen können. Denke daran, wenn du mindestens 88 Tage auf einer Farm gearbeitet hast, hast du das Anrecht auf ein **Visum für das zweite Jah**r in Australien.

Tipp: Vergesse nicht, dein Steuerformular bis zum 30. Juni für alle Arbeiten, die du davor geleistet hast, abzugeben. Dein Arbeitgeber oder deine Mitarbeiter können dir dabei helfen. Als Nicht-Einheimischer erhältst du die 32,5 % Steuern, die du bezahlt hast, zurückerstattet. Allerdings nur, wenn du das Steuerformular rechtzeitig abgibst.

Wwoofing

Wwoof ist eine Organisation, die weltweit Möglichkeiten für das Arbeiten auf Bio-Betrieben bietet. Du arbeitest jeden Tag 5-7 Stunden und erhältst dafür Verpflegung und Unterkunft. Auch mit Wwoofing kannst du auf einem tollen Bauernhof landen oder leider auf einer Farm, die wwoofing nicht im wahren Geist anwendet. Überprüfe am besten ihre Website (wwoof.com.au/), um zu sehen, ob WWOOF etwas für dich ist. Es kostet $70 pro Jahr, um sich als Backpacker zu registrieren.

2.3.4 Wie man in Australien ein Bankkonto eröffnet und eine Steuernummer bekommt

Wenn du in Australien arbeiten möchtest, willst du wahrscheinlich auch bezahlt werden. Es ist sehr einfach, als Ausländer ein Bankkonto in Australien zu eröffnen. Australier sind sich Work and Traveller gewohnt und wissen, wovon Sie reden, sobald Sie bei einer Bank erscheinen.

Ich kann die **National Australia Bank (NAB)** empfehlen, da es kostenlos ist, ein Konto zu eröffnen. Das Konto wird für die ersten zwei Jahre kostenlos bleiben. Andere Banken haben dafür Gebühren. Du kannst natürlich einige weitere Banken online vergleichen.

Dann gehst du nach deiner Ankunft in Australien zur Bank deiner Wahl und bringst deinen Reisepass mit dem Visum und einer australischen Adresse (zum Beispiel vom Hostel) mit. Vielleicht ist es auch gut, in der Lage zu

sein, Google Übersetzer zu verwenden, da du einige Formulare ausfüllen musst und möglicherweise nicht alle darin enthaltenen Begriffe verstehst.
Nachdem du alle Papiere unterzeichnet hast, erhältst du einige Formulare, die du sicher bei dir aufbewahren musst. Deine Bankkarte wird innerhalb einer Woche an die von dir angegebene Adresse gesendet. Falls du nicht mehr in diesem Hostel bist, kannst du dem Betreuer auch sagen, dass er die Bankkarte direkt an ein Bankgebäude senden soll. Dann kannst du die Karte dort abholen, sobald sie ankommt. Dies könnte eine gute Idee sein, da der Postdienst in einer Herberge nicht 100 % zuverlässig ist.

Die Tax File Number

Mit jedem neuen Job musst du deinem Arbeitgeber deine Steuernummer (TFN) zusammen mit einigen anderen Daten mitteilen. Dies ist sehr wichtig, damit du Geld von den Steuerbehörden sparst. Mit der TFN beträgt die Steuer für Work and Travelers 32,5 %. Ohne die Nummer sind es 48,5 %. Also, lohnt es sich, die TFN bald nach der Ankunft in Australien zu besorgen. Du kannst die TFN jedoch erst nach deiner Ankunft bekommen, da dein Name bei den Behörden registriert sein muss. Um die australische Steuernummer (TFN) zu erhalten, musst du online (www.ato.gov.au/individuals/tax-file-number/apply-for-a-tfn/foreign-passport-holders,-permanent-migrants-and-temporary-visitors---tfn-application/) gehen und die Formulare ausfüllen. Dies dauert 15-20 Minuten. Du brauchst deine **Reisepassinformationen** und eine **australische Adresse**. Nach dem Ausfüllen des Formulars dauert es zwei bis vier Wochen, bis du deine TFN an die von dir angegebene Adresse erhältst. Wenn du sie vorher brauchst, kannst du die Behörden anrufen (+61 13 2861) und fragen, ob sie deine TFN bereits kennen.

2.3.5 Wie du deine Nächte in Australien verbringen kannst

In Australien hast du die Wahl, in einem **Swag** (australisches Ein-Personen-Zelt) unter den Sternen zu schlafen, ein Wohnmobil zu nehmen, Couchsurfing zu machen, ein Ferienhaus zu mieten oder in einem günstigen Hostel bis hin zu Luxushotels zu übernachten. Im Folgenden habe ich einige Vor- und Nachteile für jede Art von Unterkunft aufgeführt und wie man diese Art Unterkunft am besten bucht.

Hostel oder Hotel

Australiens Herbergen und Hotels haben einen guten Standard. Daher kostet eine durchschnittliche Nacht in einem Hostel $25. Ein bisschen teurer als in Asien. Ich empfehle eine Nacht über **booking.com** zu buchen, da es gute Angebote hat und du die echten Bewertungen, von Reisenden wie mir, lesen kannst.
Das Plus eines Hostels ist, dass du kommen und gehen kannst, wie du möchtest. Höchstwahrscheinlich hat es eine ausgestattete Küche, wo du kochen und somit dein Budget Backpacker-Leben aufrechterhalten kannst. Der große negative Punkt der australischen Hotels ist, dass besonders an der Ostküste viele Gruppen in ihrem

Zimmer feiern und Alkohol trinken, obwohl das verboten ist. Es ist nicht angenehm, wenn du später in diesem Raum schlafen willst, wenn alles nach Schweiß und Alkohol stinkt oder es noch laut ist. Zweitens hatte ich zuvor in meinem Schlafsaal noch nie darunter gelitten, dass andere Leute Sex im Zimmer haben. Bis ich nach Australien kam. An der Ostküste passierte es die ganze Zeit. Ernsthaft, werdet kreativer, Leute. Wenn du in Hostels entlang der Ostküste reist, wird es ein Wunder sein, wenn das nicht vorkommt. Daher das große Plus eines Hotels; du wirst deine Ruhe und deinen Frieden haben. Auf der anderen Seite ist es schwieriger, andere Leute zu treffen und Freundschaften in Hotels zu schließen. Zudem wird es wahrscheinlich keine Küche geben. Aber wen interessiert das schon, wenn du nicht auf dein Geld achten musst? Restaurants in Australien sind erstklassig.

Couchsurfing

Für Couchsurfing musst du dich auf ihrer Plattform registrieren (www.couchsurfing.com/) und vorausplanen. Du musst dich mit möglichen Hosts in Verbindung setzen, was viel Zeit in Anspruch nimmt. Dann erwarten die Gastgeber wahrscheinlich, dass du Zeit mit ihnen verbringst, denn Couchsurfing soll schließlich ein Austausch der Kulturen und von Geschichten sein. Couchsurfing braucht daher also ein bisschen Arbeit, um einen guten Gastgeber zu finden und du wirst nicht völlig unabhängig sein. Jedoch kannst du großartige Leute treffen und dich wie ein Einheimischer fühlen. Ich fühle mich in einem Land immer mehr zu Hause, wenn ich bei einem netten Couchsurfer wohne. Außerdem kannst du die Nacht kostenlos verbringen und Geld sparen.

Wwoofing

Wie im Abschnitt "Wie finde ich einen Job?" beschrieben, arbeitest du bei wwoof für 5-7 Stunden pro Tag und erhältst im Gegenzug Unterkunft und Verpflegung. Dies ist nur die richtige Option für dich, wenn du länger an einem Ort bleiben möchtest. Da es sich normalerweise um eine Farm handelt, wird es höchstwahrscheinlich ein ländlicher Ort im Outback sein, wo nicht viel los ist. Falls du dir deine Zeit in Australien genauso vorstellst, ist Wwoofing perfekt für dich.

Camping

Mit Camping meine ich in einem Zelt, einem Wohnmobil, einem Van oder einem Auto zu schlafen. Die Hauptsache ist, dass du für ein paar Nächte für dich selbst sorgen kannst. Australien ist wahrscheinlich eines der wundervollsten Länder, um irgendwo in der Natur, eine Nacht unter den Sternen, verbringen zu können. In Australien ist es immer noch möglich, Hunderte von Kilometern von den nächsten Menschen entfernt zu sein. Dadurch kannst du die Natur intensiver wahrnehmen. Du hörst die Geräusche besser und hast wirklich Zeit, deiner Umgebung Beachtung zu schenken. Diese vollständige Freiheit hast du nur, wenn du kampierst. Der Nachteil ist, wenn das Wetter nicht mitspielt. In manchen Nächten ist es eiskalt, in anderen zu heiß und du wirst den Regen verfluchen, wenn wieder alles durchnässt ist. Außerdem ist es eine Menge Arbeit, alle Utensilien zum Kochen und Schlafen aufzubauen und sie dann wieder zu versorgen. Dennoch hatte ich einige der besten Nächte im australischen Outback, mit so sauberer Luft.

Eine App, die du in Australien unbedingt brauchst, wenn du Roadtrips machen willst, ist Wiki Camps Australia (https://play.google.com/store/apps/details?id=au.com.angryrobot.wikicamps&hl=en). Es zeigt dir alles über wo die Campingplätze sind, wie viel sie kosten (ob sie gratis sind), welche Einrichtungen es gibt, bis hin zu welche Route am besten ist, um dorthin zu fahren.

Tipp: Wahrscheinlich hast du eine Kühltruhe in deiner Campingausrüstung, um Fleisch oder anderes Essen zu kühlen. Anstatt immer Eis zu kaufen, könntest du Nächte auf Campingplätzen verbringen, die einen Gefrierschrank in der öffentlichen Küche haben. Dann kannst du jeweils Plastikwasserflaschen einfrieren, um sie am nächsten Tag als Kühlelement mitzunehmen.

Falls du jemals mit Australiern campen wirst, werden dich diese wahrscheinlich beeindrucken wollen, indem sie dir das Southern Cross (Australiens berühmteste Sternformation, die es sogar auf ihre Flagge schaffte) zeigen. Überrasche sie, indem du bereits weißt, wo es ist, weil du es im Internet nachgeschlagen hast.

2.3.6 Ein Auto kaufen vs. mit anderen Leuten reisen, die ein Auto haben vs. ein Auto mieten und ÖV

Auch hier haben alle diese Möglichkeiten Vor- und Nachteile und daher betrachten wir sie alle einzeln.

Ein Auto kaufen

Das Wichtigste zuerst, was auch immer du in Australien suchst, du wirst es auf https://www.gumtree.com.au/ finden. Ob es ein Auto, ein Reisepartner, eine Couch oder alte CDs sind, alles wird auf Gumtree verkauft oder verschenkt. Ich fand mein Auto auf Gumtree und auch drei Reisepartner. Am Ende verkaufte ich meine Campingausrüstung wieder auf dieser Plattform.
Das Schwierigste beim Kauf eines Autos ist, eines zu finden, welches deinen Bedürfnissen und deinem Budget entspricht. Wenn du ein günstiges Auto kaufst, musst du danach möglicherweise viel in Reparaturen investieren. Es ist wichtig, dass das Auto im Outback zuverlässig ist. Leider war ich ein bisschen naiv, als ich meinen Toyota Corolla kaufte, der so cool aussah, weil er mit einem Surfbrett auf dem Dach und einer Menge Campingausrüstung kam. Ich feilschte den Preis runter auf $1000, bezahlte $850 mehr, um es wieder für die Straße bereit zu machen und dann gab es nach nur 1,5 Monaten Roadtrip den Geist auf. Hm, vielleicht hätte ich kein Auto nehmen sollen, das schon über 300'000 km auf dem Tacho hatte. Glücklicherweise konnte ich das tote Auto an einen Schrottplatz und die Campingausrüstung an einen anderen Reisenden verkaufen und bekam $450 zurück. Daher war es

wahrscheinlich immer noch billiger als ein Auto zu mieten und es war definitiv ein tolles Gefühl, mein eigenes Auto und die Freiheit zu haben, überall hinzufahren.
Ein Auto ist ein Muss an der Westküste und Südküste und wenn du keine Gruppenreisen machen willst, auch im Northern Territory. An der Nordostküste ist es schön, ein Auto zu haben. An der sonstigen kann ein Auto jedoch eher hinderlich sein, da Parkplätze in den Städten begrenzt und teuer sind.
Noch eine Sache, auf die du achten musst, wenn du ein Auto kaufst, ist, **wo die Autonummer registriert ist**, die du kaufst. In Australien ist es zwingend erforderlich, dass du das Fahrzeug mit deinem Namen registrierst, sobald du es kaufst und zwar in dem Staat, in welchem die Nummer registriert ist. Du willst kein Auto in Perth kaufen, welches du in Victoria registrieren musst.

Mit anderen Leuten reisen, die ein Auto haben

Das Gute ist, dass du kein Risiko für das Auto hast, aber andererseits musst du jemanden finden, der die gewünschte Route fährt oder du musst deine Pläne etwas anpassen. Hier ist also viel Flexibilität gefragt.

Ein Auto mieten

Das Mieten eines Autos ist bequem, weil du entscheiden kannst, dass du irgendwo hinfahren willst und noch am selben Tag ein Auto mieten und abreisen kannst. Die beiden vorherigen Entscheidungen erfordern ein wenig mehr Planung. In Australien ein Auto zu mieten ist jedoch teuer. Überprüfen Sie online die Preise. Es gibt die üblichen Mietfirmen wie Budget, Avis, Sixt. Für Camper Vans sind in Australien Wicked Campers (www.wickedcampers.com.au/) bekannt.

Öffentliche Verkehrsmittel

In den großen Städten gibt es immer einen Bus oder eine Straßenbahn, die dich zu allen wichtigen Haltestellen bringen und du brauchst kein Auto. Zwischen den Städten könnte es jedoch etwas schwieriger sein, außer an der Ostküste, wo Greyhound (www.greyhound.com.au/) dich überallhin bringt. Du kannst sogar Hop-on-Hop-Off-Pässe kaufen, die die einzelnen Reiseabschnitte billiger machen. Der Nachteil ist, dass Reisen mit dem ÖV langsamer vor sich her geht, weil du dich an einen Fahrplan anpassen musst. Manchmal kommen die Fahrzeuge zu spät. Auf der anderen Seite hatten einige Greyhound Busse WIFI und USB-Ladegeräte und es ist bequem, wenn man beim Fahren nicht studieren muss.

2.4 Auf der anderen Straßenseite fahren

Überraschenderweise habe ich mich sehr schnell daran gewöhnt, auf der anderen Straßenseite zu fahren. Es ist ja auch leicht, auf so langen, leeren, geraden Straßen zu fahren. Eigentlich ein Traum. Es ist ganz merkwürdig, wenn du nach 300 km Fahrt plötzlich an einer Ampel ankommst, ohne vorher einmal aufgrund des Verkehrs verlangsamen zu müssen.

Das einzige, was für ein paar Lacher sorgte, war, dass die Tasten für den Blinker und die Scheibenwischer vertauscht sind. Als ich abbog, stellte ich deshalb manchmal versehentlich die Scheibenwischer ein :) Zu meiner Entlastung sah ich auch, dass anderen Leuten das gleiche passierte. Wir haben dies halt automatisch antrainiert.

2.5 Wie man in Australien die Orientierung behält

Alle Straßen sind gut ausgeschildert und du findest die Orte, die du suchst. Um den großen Überblick zu haben, ist es jedoch am besten, wenn du gute Karten auf deinem Handy hast. Ich habe Wiki Camps Australia (https://play.google.com/store/apps/details?id=au.com.angryrobot.wikicamps&hl=en) benutzt und wie in all den anderen Ländern, in die ich reise, zudem noch maps.me (https://maps.me/). Du findest beide kostenlos in deinem App-Store. Mit diesen beiden Karten kannst du dich nicht verfahren, solange dein Telefon mit Strom versorgt wird. Bringe daher eine gute Powerbank oder ein Ladegerät für das Auto mit.

3 Reiserouten für zwei- bis dreiwöchige Reisen in Australien

3.1 Dreiwöchige Reise entlang der australischen Westküste, durch den Norden und das Rote Zentrum

Der wilde und schöne Westen Australiens ist es wert, von Abenteurern erkundet zu werden. Du wirst deinen Mund wegen all der wunderbaren Dinge, die du sehen wirst, nicht schließen können. Das einzige, was du nicht unterschätzen darfst, sind die großen Entfernungen, die du in deinem Auto zurücklegen musst. Aber keine Sorge, auf Australiens geraden und leeren Straßen ist Autofahren nicht so nervig wie in Europa. Du wirst nicht in einem einzigen Stau stecken bleiben und wenn du in zwei Wochen mehr als 2000 km zurücklegst, wirst du ein Gefühl von Freiheit spüren, wie du es zuvor noch nie erlebt hast.

Tag 1: Ankunft in Perth

Mache einen Spaziergang durch den **CBD (Central Business District)**, gewöhne dich an das warme Klima. Zum Mittagessen genießt du eine Mahlzeit im **Annalakshmt**, einem indischen, veganen Restaurant, wo du so viel bezahlst, wie du möchtest. Am Nachmittag kannst du am Strand von **Cottesloe** oder **Scarborough** schwimmen gehen, wo du auch den Sonnenuntergang anschauen kannst. Eine andere Möglichkeit wäre, am späten Nachmittag zum **Kings Park** zu fahren und einen Spaziergang durch die schöne Gartenanlage zu machen.

Du hast eine großartige Aussicht über Perth und es ist ein weiterer schöner Ort, um den Sonnenuntergang zu sehen und dann zu beobachten, wie die Lichter der Stadt am Abendhimmel leuchten.
Wenn du noch nicht müde bist, gehe aus in **Northbridge**. Es gibt viele coole Bars und jede Nacht hat es in einem anderen Pub oder Club ein Spezialangebot.

Tag 2: Perth

Am Morgen fährst du die 20 Minuten nach Fremantle, wo du eine köstliche Tasse Kaffee genießt. Hoffentlich bist du zwischen Freitag und Sonntag dort, denn dann kannst du auf dem tollen Markt in Fremantle essen gehen. Abgesehen davon gibt es einen schönen Strand. Natürlich kannst du den ganzen Nachmittag hierbleiben oder du kannst eines der Gratismuseen in Perth besuchen. Bei Sonnenuntergang fährst du nach Herrison Island. Es befindet sich unter einer Brücke, die aus dem Zentrum von Perth führt. Es eine Art kostenloser Streichelzoo für Kängurus. Die beste Chance, die Kängurus zu sehen, ist kurz vor Sonnenuntergang, denn dann werden sie von den Rangern gefüttert.

Tag 3: Bunbury und Margaret River

Beginne den Tag früh und fahre zum **Delfin-Entdeckungszentrum in Bunbury**. Schau bei der kostenlosen Delfinfütterung zu und beobachte, wie die Delphine im Wasser herumspielen. Dann fährst du weiter nach **Margaret River**, um dort am Vormittag anzukommen. Gehe zum **Besucherzentrum** und erhalte eine Karte der Gegend, um deine Tour der **Weinkellereien, der Schokoladen- und der Käsefabrik** zu beginnen. Bei allen Orten bieten sie kostenlose Verkostungen an und somit wird es ein sehr schöner Tag für Essensliebhaber. Falls du kein Essen oder keine Getränke mehr sehen kannst, solltest du zum Strand fahren. Dieser ist unglaublich schön.

Tag 4: Pemberton

Nachdem du die Kalorien von gestern gewonnen hast, möchtest du sie heute vielleicht mit etwas Bewegung wieder loswerden. Du fährst weiter nach **Pemberton**. Dort findest du Bäume mit Plattformen auf bis zu 75 m Höhe. Diese Bäume wurden von Feuerwehrleuten genutzt, um Buschfeuer zu entdecken. Jetzt können die Touristen sie besteigen. Gegen den Abend fährst du nach **Albany**, um diese Backpacker-freundliche Stadt zu genießen.

Tag 5: Wave Rock

Am Morgen kannst du den **Porongroup Nationalpark** besuchen und die Wanderung zum **Granite Skywalk** machen. Dann fährst du weiter zum berühmten **Wave Rock** in Hyden. Dieser ist eine massive Felswand, die wie eine Welle aussieht. Nach einem Spaziergang um diesen tollen Ort fährst du die verbleibende Strecke zurück nach Perth. Dort bleibst du noch eine Nacht, bevor du die Tour ins Outback startest.

Tag 6: Pinnacle Desert

Von jetzt an wäre es das Beste, mit der Sonne aufzustehen und mit der Sonne ins Bett zu gehen, um das Beste aus dem Tag zu machen. Jetzt geht es ab Richtung Norden. Fahre zum **Nambung NP**, wo ihr eine gelbe Wüste mit vielen Sandsäulen, die aus der Erde ragen, findet. Fahre mit dem Auto durch diesen Nationalpark und halte an verschiedenen Aussichtspunkten an. Danach begebt ihr euch weiter nach **Kalbarri**, wo ihr bereits die zwei Aussichtspunkte an den beeindruckenden Klippen besuchen und dann in der Bucht schwimmen könnt.

Tag 7: Kalbarri

Steht am Morgen früh auf, um die Höhepunkte des **Kalbarri NP** zu besuchen, solange es noch nicht so heiß ist. Die beste Fotogelegenheit ist **Nature's Window**. Das Ziel für die Nacht ist **Coral Bay**. Dies ist ein Paradiesstrand mit einem kleinen Riff zum Schnorcheln. Coral Bay befindet sich eine siebenstündige Fahrt nördlich von Kalbarri und deshalb müsst ihr etwas Zeit für die Fahrt berechnen. Unterwegs hat es weitere Sehenswürdigkeiten, für die es sich lohnt, schnell aus dem Auto zu springen. Zum Beispiel der berühmte **Shell Beach**.

Tag 8: Coral Bay nach Karijini

Entspanne am Morgen in der wunderschönen Coral Bay und starte dann die Fahrt von der Küste in Richtung

Karijini NP. Ab jetzt sieht Australien mehr und mehr aus, wie das Outback, das du dir vorgestellt hast. Rote, gerade Sandstraßen und die Entfernungen zwischen einer kleinen Stadt und der nächsten werden immer größer. **Tom Price** wird euch mit allen Annehmlichkeiten willkommen heißen, die ihr benötigt, um euch auf drei Tage mit Selbstverpflegung im wunderschönen Karijini Nationalpark vorzubereiten.

Tag 9: Karijini Nationalpark

Dieser unglaubliche Nationalpark ist unvergleichlich zu allem, was ihr bisher gesehen habt und ein Highlight von Western Australia. Fahrt zur **Weano Schlucht**. Es ist eine holprige Fahrt, aber es lohnt sich, wenn ihr gerne klettert. Wähle einen der Wanderwege, zum Beispiel **Hancock Gorge Trail**. Es beginnt leicht mit einem steinigen Pfad durch die Schlucht. Dann muss man für eine Strecke durch knietiefes Wasser waten und im dritten Abschnitt muss man zwischen den beiden engen Felswänden klettern. Am Ende erreicht ihr **Kermit Pool**, wo ihr ein Bad nehmen könnt.
Nach der Schlucht werdet ihr die Hitze oben wieder genießen und könntet zum **Joffre Gorge** Parkplatz fahren. Von dort ist es nur ein kurzer Spaziergang zum Aussichtspunkt mit Blick auf einen hohen Wasserfall.

Tag 10: Karijini NP

Nach einer Nacht im wunderschönen Outback fährst du zum **Fortescue Wasserfall** Parkplatz und wanderst dann hinunter zum Pool. Die Landschaft ist atemberaubend; rote Felsen gefüllt mit grüner Natur, Schluchten neben Feldern und bunten Hügeln. So anders als alle trockenen Gebiete und die Küste, die du bisher gesehen hast. Ihr könnt in diesem Pool schwimmen oder weiter zu **Fern Pool** wandern. Dieser ist wie ein kostenloses Outdoor-Spa mit kleinen Fischen, die die tote Haut von euren Füßen essen werden. Beginnt am Nachmittag die Fahrt (ca. 5,5 Stunden) nach **Port Hedland**, wo ihr die Nacht an der Küste verbringt. Falls ihr nicht bis zum **Northern Territory** fahren möchtet, könnt ihr jetzt auch eine 2-tägige Rückfahrt nach Perth starten und von dort aus per Flugzeug jedes andere Ziel in Australien erreichen.

Tag 11: Broome

Heute habt ihr eine weitere 6-stündige Fahrt vor euch, um nach Broome zu kommen. Beginnt früh am Morgen, sodass ihr zu einem späten Mittagessen in Broome ankommt. Wenn ihr an einem Wochenende ankommt, könnt ihr die **Courthouse Markets** besuchen. Wenn nicht, geht zum gut erhaltenen **Dinosaurier-Fußabdruck** in der Nähe vom **Gantheaume Point**. Wenn du zwischen Mai und Oktober in Broome bist, kannst du am berühmten und kilometerlangen **Cable Beach** schwimmen gehen. Ein Muss während des ganzen Jahres ist es, den atemberaubenden Sonnenuntergang am Strand zu beobachten und vielleicht einen Kamelritt zu machen. Heute Abend könntest du dich für asiatisches Essen entscheiden, da Broome eine der größten asiatischen Gemeinden außerhalb von China und Japan hat.

Tag 12: Gibb River Road: Windjana Schlucht

Von April bis Oktober hast du mit einem Allradantrieb Fahrzeug die fantastische Gelegenheit, die Gibb River Road zu befahren und eine der spektakulärsten Straßen in Australien zu genießen. Wenn du von November bis März dort bist, ist deine einzige Option, um zum Northern Territory zu kommen, die zweitägige Fahrt von Broome nach **Kathrine** auf dem **Great Northern Hwy**. Das ist nicht sehr spektakulär und deshalb konzentrieren wir uns auf „The Gibb". Beginne früh in Broome und fahre zum **Windjana Gorge Nationalpark**. Dies ist einer der besten Orte in Australien, um Süßwasserkrokodile in freier Wildbahn zu sehen. Nimm den **Gorge Walk**, der am Campingplatz beginnt und sich 3,5 km durch die Schlucht schlängelt.
Übernachte auf dem Campingplatz, auf welchem ihr euch selbst versorgen müsst.

Tag 13: Gibb River Road: Bell Gorge

Beginne mit einem weiteren frühen Start, um in die **Bell Gorge** zu kommen.

Bell Gorge ist sehr malerisch und daher eine der beliebtesten Schluchten entlang der Gibb River Road. Besuche den Wasserfall, der sich 150 Meter tief in einen Pool stürzt, welcher von Felsvorsprüngen umgeben und geschützt ist. Der Pool ist ein großartiger Ort zum Schwimmen. Weiter geht es zur **Galvans Gorge**. Das ist die am einfachsten zu erreichende Schlucht entlang der Gibb River Road und sie lädt zum Baden ein.

Tag 14: Gibb River Road: Drysdale Homestead

Dies wird ein Fahrtag in der atemberaubenden Landschaft sein. Im **Drysdale Homestead** könnt ihr Mahlzeiten, Treibstoff, Eis und Dinge des Grundbedarfs bekommen. Danach müsst ihr euch wieder selbst versorgen können.

Tag 15: Mitchel Falls Nationalpark

Dies ist einer der erstaunlichsten Wasserfälle in Australien und daher lohnt sich die abenteuerliche Fahrt vorbei am **King Edward River Crossing**. Sobald ihr beim **Mitchell Falls Camping** angekommen seid, wählt ihr einen Platz für die Nacht. Danach begebt ihr euch jedoch schnurstracks auf eine atemberaubende Wanderung auf das **Mitchel Plateau**. Schwimmt in allen verschiedenen natürlichen Pools, die ihr auf dem Weg findet. Falls ihr nicht zu Fuß zurückgehen möchtet, könnt ihr einen Helikopterflug buchen. Der Pilot wird euch am Nachmittag bei den Mitchel Falls abholen.

Tag 16: Gibb River Road

Heute kehrt ihr zur Gibb River Road zurück und fahrt die letzte Strecke nach **Kununurra**. Dies ist eine hippe kleine Stadt mit einem großen Supermarkt und die letzte Stadt in Westaustralien. Morgen wirst du das **Northern Territory** betreten.

Tag 17: Kathrine

Fahrt nach Kathrine Gorge und genießt euren ersten Spaziergang oder eine Bootsfahrt im Northern Territory. Nachdem ihr die Landschaft von Kathrine Gorge oder die Zivilisation der Stadt genossen habt, fahrt ihr so nah wie möglich zum **Litchfield Nationalpark**, damit ihr morgen einen vollen Tag im Litchfield Nationalpark genießen könnt.

Tag 18: Litchfield Nationalpark

Dies ist ein weiterer Park für Liebhaber von Wasserfällen und Vögeln. Besucht **Buley Rockhole** und schwimmt in den natürlichen Felsenpools. Danach besucht ihr die **Florence Falls** und die **Wangi Falls**. Die Florence Falls laden ein zum Schwimmen und beide Wasserfälle sind unglaublich beeindruckend.

Tag 19: Mataranka und Devil's Marbles

Wenn ihr mehr Zeit habt, besucht heute den **Kakadu Nationalpark**. Wenn die Zeit drängt, fahrt ihr weiter nach Süden. Noch einmal kommt ihr durch Kathrine, aber unser erstes Ziel des Tages ist **Mataranka** mit seinen natürlichen heißen Quellen. Ein schöner Ort, um ein oder zwei Stunden zu bleiben und das heiße Wasser zu genießen.

Dann fährt ihr nach Süden durch das rote und trockene Outback. Genießt die herrliche Landschaft, die an eurem Fenster vorbeizieht, bis ihr den verzauberten Ort **Devil's**

Marbles erreicht. Genießt einen Spaziergang zwischen den großen Felsen, die wie riesige Ostereier aussehen.

Tag 20: Uluru

Beginne früh morgens mit der Fahrt nach **Alice Springs** zu fahren und fotografiere das große Schild, welches beweist, dass du im roten Zentrum von Australien angekommen bist. Du bist weit gekommen, aber es gibt noch ein Highlight, das auf dich wartet. Fahre deswegen weiter landeinwärts, bis du **Yulara** erreichst. Mache einen Kamelritt bei Sonnenuntergang oder genieße einfach die untergehende Sonne hinter Australiens berühmtestem Felsen, Uluru, mit einem Glas Wein in der Hand.

Tag 21: Uluru

Mache einen Spaziergang um **Ayers Rock** herum und informiere dich im Besucherzentrum über die Kultur der Aborigines. Dann fährst du zurück nach Alice Springs, wo du dein Mietauto zurückgibst und dann einen Abendflug zu einem größeren Flughafen nehmen kannst. Oder du fährst weiter nach Osten oder Süden, um mit dem Auto Sydney oder Melbourne zu erreichen.

Drei Wochen sind ein bisschen kurz für diese große Reise, wenn du also bis vier Wochen Urlaub einplanen könntest, wäre das perfekt. Oder, du überspringst einige Orte und fliegst die größeren Distanzen.

3.2 Dreiwöchige Reise entlang Australiens Ostküste und der Great Ocean Road

Die Ostküste ist die beliebteste Route in Australien. Wenn du zwischen Sydney und Cairns reist, folgst du dem Backpacker Trail, wie die Australier diese Strecke nennen, da die meisten Leute am selben Orten Halt machen. Nichtsdestotrotz gibt es Orte, die es wert sind, in deine Reise-Liste aufgenommen zu werden. Hier ist eine Reiseroute, um in drei Wochen die besten Dinge entlang der Ostküste zu sehen.

Tag 1: Melbourne

Lande in der australischen Lieblingsstadt vieler Europäer. Genieße die moderne Architektur, spaziere durch den **Victoria Market**, entspanne in der **Circle Tram** und höre dabei den Geschichten über Melbourne zu. Trinke außerdem deinen ersten, sehr leckeren und wunderschön zubereiteten, australischen Kaffee.

Tag 2: Great Ocean Road

Fahre mit deinem Auto nach **Geelong** und vertrete deine Beine in dieser niedlichen Küstenstadt, bevor du weiter zum Start der Great Ocean Road fährst. Du kannst wählen, ob du mehr Küstenstädte wie **Torquay** oder der berühmte Surf-Ort **Bells Beach** besuchen willst oder du kannst quer durchs Landinnere fahren, bis du das Besucherzentrum der **Twelve Apostles** erreichst. Mach ein paar Bilder von der berühmten Felsformation im Ozean, die auch das Cover dieses Reiseführers ziert.

Danach fährst du zu den **Gibson Steps** und gehst sie hinunter. Lass dich von den großen Klippen beeindrucken. Die Nacht kannst du in **Port Campbell** verbringen.

Tag 3: Great Ocean Road

Fahre erneut an den Zwölf Aposteln vorbei und fahren dann weiter entlang der Great Ocean Road. Du kannst anhalten, um zu einigen Wasserfällen zu spazieren, auf der Fahrt nach **Cape Otway** nach **Koalas** suchen oder einen Leuchtturm besuchen. Achte darauf, dass du deine Fahrt zurück nach Melbourne so planst, dass du spätestens kurz vor Sonnenuntergang in **St. Kilda** bist. In diesem Fall kommst du ins Vergnügen der kleinen **Pinguinparade** am Pier in St. Kilda.

Tag 4: Canberra

Heute fliegst du entweder von Melbourne nach **Sydney** und genießt einen Tag in einer der beiden Städte oder du fährst von Melbourne nach Canberra. Besuche das **Australian War Memorial** in der australischen Hauptstadt. Entweder verbringst du die Nacht in Canberra oder fährst weiter in Richtung Blue Mountains Nationalpark.

Tag 5: Blue Mountains

Fahre zum **Echo Point** und bestaune die berühmten **Three Sisters**. Der Blick in die riesige Schlucht und das Tal ist beeindruckend. Macht die Wanderung über den

Giant Stairway weiter nach Lorne, um auf dem **Cliffwalk** zurückzukehren.

Tag 6: Blue Mountains

Heute machst du die Wanderung mit dem Namen **National Pass**. Es ist ein unterhaltsamer Wanderweg, weil du entlang des ausgehölten Berges gehen und viele schöne Wasserfälle (zum Beispiel **Wentworth Falls**) sehen kannst. Dann fährst du weiter nach **Sydney**, wo du einen Sonnenuntergang im Hafenbereich mit Blick auf das **Opernhaus** genießen kannst. Du kannst nun den Mietwagen zurückgeben und von jetzt an mit dem Greyhound-Bus reisen oder einfach selbst weiterfahren.

Tag 7: Sydney

Am Morgen nimmst du einen Bus zum **Bondi Beach** und gehst entweder an diesem berühmten Strand schwimmen oder sogar in den **Icebergpools**. Oder mache dich auf den Weg von **Bondi nach Coogee**. Später kehrst du in die Stadt zurück und isst auf dem bekannten **Sydney Fish Market**. Bestaune noch einmal die wunderschöne Bucht und das Opernhaus. Dann ist es Zeit, sich Sydneys Stadtleben anzusehen. Schau dir die Geschäfte in der **Georg St**. an und trinke etwas im **The Rocks** Viertel.

Tag 8: Fahrt nach Byron Bay

Fahre entlang der Küste nach Norden und halten in allen Städten an, die dich reizen. Zum Beispiel könntest du ein paar Fotos vor der **Big Banana** in **Coffs Harbour** machen und ein paar frisch zubereitete Süßigkeiten probieren.

Tag 9: Byron Bay

Genieße einen Strandtag am paradiesischen Strand von Byron Bay oder spaziere zum **Leuchtturm**. Dort oben bist du am östlichsten Punkt von Australien und kannst weit unten Delfine und Schildkröten im Wasser sehen. Genieße am Abend die gute Stimmung der vielen Bars und Pubs.

Tag 10: Brisbane

Nachdem du die kurze Strecke zwischen Byron Bay und Brisbane hinter dich gebracht hast, solltest du einen Spaziergang entlang des Flusses machen und dann eine kostenlose, rote **City Hopper Fähre** nehmen. In **Southbank** kannst du am künstlichen Strand entspannen und die Atmosphäre im kleinen Regenwald genießen. Wenn du schöne Kleidung mitgebracht hast, solltest du abends in den Club Cloudland gehen. Aber alle Bars in Brisbane waren unterhaltsam und die meisten von ihnen hatten Live-Musik.

Tag 11: Noosa

Fahre nach Noosa, der schönen Strandstadt mit Mangroven und Regenwald. Buche eine **Kanutour** für morgen.

Du kannst einen Tag am Strand surfen oder einen der verschiedenen Naturwanderungen unternehmen. Am Mittwoch empfehle ich, zu den **Eumundi Markets** zu fahren. Sie haben gute Angebote und du kannst eine Menge leckeres Essen probieren. Bei Sonnenuntergang gehst du den steilen Pfad zum Aussichtspunkt in Noosa hinauf und bestaunst den wundervollen Ausblick im weichen Licht.

Tag 12: Noosa - Mangroven Kanutour

Heute wirst du in deiner Unterkunft für deine Kanutour durch die ruhigen Mangroven abgeholt. In einem Boot wirst du auf einem kleinen Fluss an unter Palmen an der Insel von Richard Branson vorbeischippern. Danach kannst du auf einem kleineren Gewässer paddeln. Genieße die Dschungel-Landschaft auf der Kanufahrt zu deinem Mittagessen. Den ganzen Tag über wirst du sehr gut essen und trinken. Nach dem Mittagessen paddelst du zurück zum Startpunkt und nimmst das Boot zurück zum Bootsanleger.
Fahre an diesem Abend weiter nach **Rainbow Beach**, dem Ausgangspunkt für Ausflüge nach **Fraser Island**, die du morgen beginnst. Touren nach Fraser müssen einige Tage oder sogar Wochen im Voraus gebucht werden. Du findest viele verschiedene Touroptionen online.

Tag 13: Fraser Island

Für welche Option du dich auch entscheidest, die Tour sollte folgende Highlights beinhalten:

- Lake McKenzie
- Seventy-Five Mile Beach
- Eli Creek
- Maheno Schiffswrack
- Indian Head
- Die Champagner-Pools
- Lake Wabby

Ich habe eine dreitägige Tour mit *Cool Dingo* gemacht, konnte aber keine Preise vergleichen, weil Peterpan's Travel Agency meine Tour gebucht hat. Cool Dingo ist vor allem für junge und aktive Menschen das richtige. Es gibt jedoch so viele Tour-Optionen, dass es am besten ist, sie vorher online zu überprüfen.

Tag 14: Fraser Island

Fraser zu erkunden ist sowieso teuer und um nichts zu überstürzen, sollte man wenigstens eine zweitägige Tour machen. Genieße 4WD-Fahrten auf dem Sand und besuche die schönen Süßwasserseen und Bäche auf dieser Insel.

Tag 15: Fahrt nach Norden

Heute liegt ein langer Tag vor dir. Beginne daher früh und mache genügend Stopps auf dem Weg. Du solltest **Airlie Beach** am frühen Abend erreichen. Beim Schwimmen und Grillen in der Lagune kann man sich von der Auto- oder Busfahrt erholen. Auch hier solltest du deine zweitägige Tour zu den **Whitsundays** (oder wie viele Tage du auch immer bevorzugst) im Voraus gebucht haben.

Tag 16: Whitsundays Segeltour

Am Hafen von Airlie Beach wirst du das Boot betreten, mit welchem ihr zu den Whitsundays segeln werdet. Das Highlight wird der weiße **Whitehaven Beach** sein. Ein Muss ist der Aussichtspunkt. Von dort oben hast du die spektakulärste Aussicht entlang der Ostküste Australiens.

Tag 17: Whitsundays Segeltour

Nach einer Nacht auf dem Boot mit einem unglaublichen Nachthimmel voller Sterne, da du Meilen weit weg von allen Lichtern bist, kannst du einen weiteren Tag auf dem Meer genießen und schöne Inseln und Sandbänke besuchen.

Tag 18: Fahrt nach Norden

Noch ein Fahrtag, um etwas Distanz hinter dich zu bringen und es zur größten Stadt im Nordosten Australiens zu schaffen; **Cairns**. Stoppe in so vielen malerischen Küstenstädten, wie du möchtest.

Tag 19: Great Barrier Riff

Ein Tagesausflug zum äußeren Riff des Great Barrier Riffs muss ebenfalls im Voraus gebucht werden. Genieße einen Tag auf dem Meer mit guten Mahlzeiten, die von der Bootsmannschaft zubereitet werden. Schnorchle oder tauche im immer noch sehr vielfältigen Great Barrier Reef.

Tag 20: Wasserfälle

Heute brauchst du wieder ein Auto, um die **Tablelands** zu erkunden. Dies wird ein Tag für Wasserfallliebhaber, da du mindestens sechs verschiedene, malerische Wasserfälle sehen wirst. Ein Höhepunkt könnten die **Millaa Millaa Falls** sein, die aus einigen Shampoo-Werbungen bekannt sind.

Tag 21: Abflug oder Ausflug in den Daintree Regenwald

Heute ist es Zeit nach Hause oder weiter zu fliegen. Wenn du jedoch noch einen Tag Zeit hast, steige wieder ins Auto und mache einen Tagesausflug in den **Daintree Nationalpark**. Du wirst mit einer Autofähre einen Fluss überqueren, um dorthin zu gelangen. Oder entspanne dich in Cairns Lagune und spaziere entlang der Esplanade.

Hoffentlich hast du mehr Zeit in Australien als drei Wochen und kannst daher viele weitere Highlights besuchen.
In den folgenden Kapiteln werde ich dir im Detail erzählen, wie du all die unglaublichen Orte anschauen kannst, die Down Under zu bieten hat.

4 Die "Must-Sees" entlang der Westküste (WA)

Perth ist die nächstgelegene Stadt zu Europa, in welcher man per Flugzeug landen kann. Daher ist es für mich ein Rätsel, warum nur so wenige Leute ihre Aufmerksamkeit der Westküste Australiens widmen. Diese Seite von Australien ist viel abenteuerlicher als die Ostküste und die Natur, die du hier findest, ist mit nichts anderem auf der Welt vergleichbar. Solche atemberaubend schönen Orte sollten nicht verpasst werden und daher sollte ein Ausflug auf und ab der australischen Westküste auf der Wunschliste eines jeden Road Trip-Liebhabers stehen.

Tipp: Kaufe den Nationalpark-Eintrittspass online (https://shop.dbca.wa.gov.au/collections/park-passes), bevor du losfährst. Du kannst einen Holiday Pass für vier Wochen für $46 oder einen Jahrespass für $92 (Rabattrate ist $58) erhalten. Der Pass gilt für ein Fahrzeug. Ein Park kostet normalerweise $13 pro Auto und $8 pro Motorrad.
Es gibt auch einige Büros, wo du den Park Pass kaufen kannst (zum Beispiel Perth Visitor Center), aber es ist nicht möglich, den Pass in den Nationalparks zu kaufen. Deshalb ist es besser, einen zu besorgen, bevor die Reise beginnt.

Folgend sind die Orte, die du in WA unbedingt sehen musst.

4.1 Perth

Perth ist die Hauptstadt von Western Australia und wahrscheinlich der Flughafen, an dem du ankommst, wenn du Western Australia erkunden möchtest.
Die Stadt bietet tolle Geschäfte, schöne Parks, einen hübschen Fluss und eine fotogene Meeresfront. Du findest gute Restaurants, Strände zum Entspannen, Festivals und Museen, die dein Kulturherz höherschlagen lassen. Um deinen Aufenthalt in Perth noch angenehmer zu gestalten, ist der CBD mit schnell funktionierendem, kostenlosem WLAN ausgestattet.

4.1.1 Wie man vom Flughafen ins Stadtzentrum kommt

Oh, wie schön war es, dem Schweizer Winter zu entkommen und im Februar bei 35° C aus dem Flugzeug zu steigen. Diesmal waren die Sicherheitsmaßnahmen nicht so streng wie beim letzten Mal (unser Flugzeug wurde nicht mit Desinfektionsmitteln besprüht und sie haben meinen Koffer nicht nach Nahrung durchsucht und mir daher auch nichts weggenommen.) Allerdings musste ich noch fast eine Stunde warten, um meinen Reisepass abzustempeln. Wenigstens entdeckte ich gleich darauf meinen Rucksack auf dem Karussell. Danach habe ich es ohne weitere Verzögerungen vom Flughafen in die Stadt geschafft.

- Der schnellste und teuerste Weg ist per Taxi. Für etwa 45 Dollar kommt man ins Stadtzentrum oder für 55 Dollar nach Scarborough.

- Die zweite Option ist Perth City Shuttles. Suche die CONNECT-Stände, um ein Ticket zu kaufen. Ein Hin- und Rückfahrtticket kostet $18 für Erwachsene und die Shuttles fahren dich zu verschiedenen Punkten in der Stadt.

- Der billigste Weg ist jedoch mit Transperth Bus #37 für $4. Es gibt keinen öffentlichen Bus außerhalb von T1 und T2 und deshalb musst du einen kostenlosen Transfer-Bus zum Inland Terminal nehmen. Die Bushaltestelle befindet sich vor dem T4. Überquere die Straße und biege rechts ab. Die Haltestelle ist mit einem weißen und grünen Schild gekennzeichnet. Der Bus Nr. 37 in die Innenstadt fährt alle 20 bis 30 Minuten. Dies ist seine Route: Außerhalb T4 - Brearley Ave - Stanton Rd - Johnson St - Belmont - Belmont Forum - Alexander Rd - Belmont Forum / Wright St - Kooyong Rd - Great Eastern Highway - Vergangenheit Burswood - Victoria Park Transferstation (30 Min) - Stadtzentrum (Adelaide Terrace, St. Georges Terrace, Fraser Road, Kings Park (55 Minuten) - einige Busse fahren dann zum Esplanade Busport und andere fahren zur Fraser Av / Kings Park. Von den Bushaltestellen kannst du auf andere Busse wechseln. Frag den Fahrer oder die Einheimischen, um den Weg zu deinem Hotel zu finden. Australier sind generell sehr freundlich und hilfsbereit.

4.1.2 Was man in Perth tun sollte

Free Walking Tour

Kostenlose Stadtrundgänge sind eine großartige und unterhaltsame Art, eine neue Stadt zu entdecken und ein gutes Gefühl dafür zu bekommen. Sie werden von Freiwilligen geleitet, die auf Trinkgeldbasis arbeiten. Am Ende der Tour kannst du so viel spenden, wie du möchtest. Ausgangspunkt in Perth ist der **iCity Information Kiosk** in der Murray Street Mall an der Kreuzung mit Forrest Place. Die Tour beginnt jeden Tag (außer an Feiertagen) um 9.45 Uhr und dauert 90 Minuten. Sei mindestens fünf Minuten vor dem Start dort.

Nimm einen kostenlosen CAT-Bus

Bestimmte Busse im Stadtzentrum, CAT-Busse genannt, sind kostenlos. Wenn deine Füße also müde sind, steigst du einfach in einen kostenlosen Bus ein. Die anderen Busse musst du bezahlen, aber wenn du einen Studentenausweis hast, erhältst du möglicherweise einen Studentenrabatt für die öffentlichen Verkehrsmittel.

Esse gesund und zahle so viel, wie du möchtest

Perth hat ein großartiges Restaurant, das direkt neben dem **Swan River** und dem berühmten **Bell Tower** ist. Im Annalakshmt (Jetty 4 Barrack Square) kannst du auf einer schönen Terrasse essen. Du bedienst dich von einem vegetarischen, indischen Buffet. Wasser oder

Fruchtsaft stehen ebenfalls zur Verfügung und am Ende bezahlst du einfach so viel, wie du möchtest. Was für eine großartige Idee an so einem schönen Ort!

Geh Shoppen

- Murray St und Hay St sind gut zum Einkaufen. Dort habe ich eine australische SIM-Karte für mein Handy gekauft.
- Im Einkaufszentrum Harbour Town findest du einige gute Geschäfte, denn es ist voll von Outlets. Es befindet sich entlang der gelben CAT-Linie.

Schlendere durch Kings Park

Nimm den Bus zum Kings Park, der auf einem Hügel außerhalb der Stadt liegt und ein schöner (kostenloser) botanischer Garten ist. Es gibt eine tolle Glasbrücke, mit einem noch besseren Blick über den Fluss und die Stadt Perth. Es ist nicht nur ein guter Ort während des Tages, sondern auch um den Sonnenuntergang zu beobachten und die Lichter der Stadt nach Sonnenuntergang zu fotografieren.

Entspanne dich am Strand

- **Cottesloe Beach** ist der nächste Strand zum CBD und hat eine wahre paradiesische Atmosphäre. Der Sand ist weiß und das Wasser sehr blau. Um den Strand zu betreten, gehst du einen sandigen Weg durch eine grüne Düne und wirst an einigen Fahrrädern vorbeikommen, welche am Holzzaun geparkt wurden. → Schöne Plätze für Instagram-Bilder.

- **Trigg Beach:** Ein weiterer schöner Strand, wo man Anfänger Wellen surfen kann. Wir haben sogar Glück gehabt und ganz in der Nähe des Strandes einen kleinen Wal gesehen.
- **Scarborough Beach**: Dies ist ein weiterer berühmter Strand in Perth und er eignet sich gut, um einen Cider bei Sonnenuntergang zu genießen.

Besuche ein Museum (viele Museen in Perth sind kostenlos)

- **The Art Gallery**: Abgesehen davon, dass es schön klimatisiert ist, ist die Galerie kostenlos und hat tolle Gemälde von australischen Künstlern sowie Picasso und den berühmten französischen Malern! Es ist einen Besuch wert, wenn du Kunst magst!

Geh in Northbridge raus

Eines der coolsten Viertel in Perth ist Northbridge. Es gibt viele coole Bars und jede Nacht gibt es etwas Besonderes in einem anderen Pub oder Club. Unsere Favoriten waren die Donnerstag Specials in der **Mustang Bar** (Burger für 5 Dollar) und gute Musik und Steak mit Pommes und ein Getränk für 15 Dollar im **The Court**. The Court ist offen gegenüber Schwulen und Lesben. Am Donnerstag haben sie Quiz-Nacht und dein Abendessen wird sehr unterhaltsam sein.

Beobachte halbwilde Kängurus auf Herrison Island

Herrison Island befindet sich unter einer Brücke, die aus dem Zentrum von Perth führt und ist am besten mit dem Auto erreichbar. Wenn du mit dem kostenlosen Stadtbus anreist, ist es bei heißem Wetter ein bisschen weit zum Spazieren. Es ist wie ein kostenloser Streichelzoo für Kängurus. Die beste Chance, die Kängurus zu sehen, ist kurz vor Sonnenuntergang, denn dann werden sie von den Parkwächtern gefüttert.
Die Insel mit dem Wasser sieht sehr hübsch aus. Es wäre toll, hier zu schwimmen, aber es gibt "nicht schwimmen" Schilder und das Wasser ist wahrscheinlich nicht tief und sauber genug.

Die eine Seite der Insel ist ein normaler Park, in dem man herumlaufen kann. Die andere Seite ist dasselbe, außer dass Kängurus umher hoppeln. Wir mussten den eingezäunten Teil durch eine Tür betreten, die man normalerweise in einem Streichelzoo finden würde. Das erste Känguru, das wir sahen, hüpfte durch einen Wald. Es ließ mich so nahe an sich herankommen, dass ich es streicheln konnte. Aber als es merkte, dass ich kein Essen hatte, verlor es das Interesse an mir. Danach fanden wir eine ganze Gruppe von Kängurus und keiner von ihnen hatte Angst vor uns. Das war eine ziemlich coole Erfahrung!

Besuche Caversham Wildlife Park

Caversham ist ein Zoo, in dem sich einige Tiere in Käfigen befinden und andere frei herumlaufen und somit kann man den Tieren sehr nahekommen. Wir haben den süßesten Koala aller Zeiten getroffen (ich hätte ihn am liebsten mit nach Hause genommen), aber ansonsten sahen viele der Tiere traurig aus, weil sie nicht genug Platz hatten, um sich vor den Touristen zu verstecken. Für Kinder sind der Park und die Shows oder Tierbegegnungen ein schönes Erlebnis, aber als Erwachsener würde ich nicht wieder dorthin gehen. (Kosten für Erwachsene: $29)
Nach ca. 3h30min hatten wir alles gesehen und da es noch früh war, fuhren wir durch das hübsche **Swan Valley**. Ein Muss für Schokoladenliebhaber ist die Margaret River Chocolate Company. Du kannst kostenlos Schokolade degustieren und außer Schokolade,

gibt es auch kostenlosen Wein in einem der Weingüter zum Probieren. Swan Valley ist nicht so groß wie Margaret River, aber absolut einen Besuch wert, wenn du für einen Nachmittag von Perth wegkommen willst.

Besuche den Yanchep Nationalpark

Dieser Nationalpark liegt 40 Autominuten nördlich von Perth. Er ist ähnlich wie die Everglades in Florida. Du kannst über einen hölzernen Pfad gehen, mit dem Unterschied, dass du hier nicht nach Alligatoren, sondern nach Koalabären suchst. Natürlich schliefen sie bei unserem Besuch alle, aber es war schön, Koalabären in der Natur zu sehen. Es gibt auch einen Sumpf, der früher ein See war, wo wir eine Gruppe von Kängurus im Schatten herumliegen sahen.

4.2 Fremantle

Freo ist eine Stadt südlich von Perth. Von dort kannst du die Fähre nach **Rottenest Island** nehmen, die teuer aber sehr schön ist. Fremantle ist jedoch ein Ort, in welchen man sich verlieben kann. Du findest einen schönen Strand, ein süßes Café nach dem anderen, viele nette Bars mit Live-Musik und überall schöne Häuser.

Tipp: Von Freitag bis Sonntag gibt es einen großen Markt in einer Markthalle, den du nicht verpassen solltest! Sei hungrig, wenn du dorthin gehst, weil sie so viele leckere Speisen und Süßigkeiten aus der ganzen Welt verkaufen (sogar deutsche Bratwurst) und wenn du gegen 16 Uhr dort bist, wird die Obst Abteilung anfangen, die Preise zu reduzieren. Es gibt auch einen Abschnitt mit Kleidung, Schmuck und anderen schönen Dingen.

Vom Markt aus kannst du zu Fuß zum Strand gehen und eine Festung entdecken. Von oben hat man einen herrlichen Blick auf das Meer und wenn man wieder hinuntergeht, erreicht man einen malerischen Hafen.

Neben dem schönen Strand und der hübschen Stadt gibt es viele Orte mit kostenlosem WLAN. Eine andere coole Sache an Freo ist, dass überall im Stadtzentrum öffentliche Instrumente verteilt sind. Sie laden dazu ein, Klavier oder Schlaginstrumente zu spielen und die Melodien verbreiten ein fröhliches Gefühl in der Stadt.

Rottnest Island

Von Fremantle aus kannst du mit der Fähre zum Urlaubsort Rottnest Island fahren. Besuche die niedlichen Quokkas und sehe sie herumhüpfen, genieße die verschiedenen Strände, Restaurants und Wassersportaktivitäten. Der Eintritt auf die Insel beträgt $18,50 für einen Tag pro Besucher und $24.50, wenn du die Nacht bleibst. Des Weitern musst du ja auch noch dorthin gelangen. Das Fährticket beginnt bei $84 für ein Hin- und Rückfahrtticket am selben Tag. Informiere dich auf der Webseite (www.rottnestisland.com/the-island/getting-here/by-ferry) über die verschiedenen Fähroptionen.

4.3 Bunbury

Bunbury ist nur 90 Minuten südlich von Perth. Es gibt ein **Delfin-Entdeckungszentrum**, wo sie fast das gleiche wie in Monkey Mia tun. Nur sind die Angestellten hier offener als in Monkey Mia und die Delfine kommen sehr nah und haben sogar Spaß, ein wenig vor den Touristen herumzuspielen. Alles in allem fand ich diese Erfahrung viel besser als die in Monkey Mia, weil es nicht so eine Verschwendung von Benzingeld ist und du der Natur nicht schaden wirst, indem du die ganze Strecke, nur für die Delfine, nach Monkey Mia fährst. In Bunbury gibt es keine spezifische Fütterungszeit, da die Delfine den ganzen Tag kommen und gehen. Es hat jedoch die ganze Zeit Freiwillige in der Interaktionszone. Von Oktober bis April kannst du auch eine Schifffahrt zu den Delfinen buchen (http://dolphindiscovery.com.au/enjoy/swim-encounter/) und mit ihnen schwimmen gehen.

4.4 Busselton

In Busselton findest du einen 1,8 km langen Steg. Ein Zug bringt dich bis zum Ende und zurück, aber du könntest auch $2,50 bezahlen, um darüber zu laufen und einen Spaziergang über den Ozean zu genießen. Es ist aber auch schön, am Strand spazieren zu gehen und von Land aus Fotos von der Anlegestelle zu machen.

4.5 Margaret River

Dies war eine meiner Lieblingsregionen in Australien. Es ist ein Ort für Feinschmecker und die Hauptattraktion hier, ist es, die verschiedenen Weingüter und Lebensmittelfabriken zu besuchen und all ihre Köstlichkeiten kostenlos zu probieren. Mach Halt im **Besucherzentrum**, wo du kostenloses WLAN hast und hole eine Karte mit allen Weingütern. Es ist sehr üblich, Selbstfahrer-Touren von Weingut zu Weingut zu machen und daher könnte es sein, dass die Leute ein bisschen beschwipst hinter dem Steuer sitzen. Also, pass einfach noch besser auf, wenn du unterwegs bist. Wir besuchten morgens ein Weingut, aßen zu Mittag und besuchten am Nachmittag noch ein Weingut. Zwischendurch statteten wir der Käse- und Schokoladenfabrik einen Besuch ab und sammelten leckere Speisen für unser Mittagspicknick. Margaret River ist ein Schlaraffenland und wenn du nur einen Tag in Margaret River hast, würde ich empfehlen, folgende Orte zu besuchen:

Die Berry Farm
Vessel
Schokoladenfabrik
Milchfabrik (Käse)
Voyager-Estate

Ich würde jedoch empfehlen, mehrere Tage zu bleiben und sich ein wenig Urlaub zu gönnen. Die Küste von Margaret River ist auch atemberaubend schön. Es sieht so wild und romantisch aus! Wenn du ein fortgeschrittener Surfer bist, kannst du die Wellen im Margaret River genießen.

4.6 Höhlen und Rochen

Du kannst die malerische Caves Rd in Richtung Augusta nehmen und **Jewel Caves** besuchen. Wenn du noch keine Höhlen in Asien gesehen hast, ist dies eine schöne Höhle für ein erstes Erlebnis. Wenn du jedoch bereits einige Höhlen gesehen hast, empfehlen wir dir, weiter nach Hamelin Bay zu fahren, wo du auf große Stachelrochen treffen kannst. Sie schwimmen bis zum Strand und nehmen ein Sonnenbad. Wenn du Glück hast, findest du einige Fischer, die dir einen Fisch geben, um die Rochen zu füttern.

Am **Cape Augusta** findest du einen malerischen Leuchtturm. Darüber hinaus ist dies die Spitze, wo der Indische Ozean den Südlichen Ozean trifft. Ich war überzeugt, dass eine Seite grüner aussah als die andere :)

4.7 Pemberton Feuerwehr-Bäume

Pemberton ist vor allem für seine hohen Karri-Bäume bekannt, die von Feuerwehrleuten genutzt wurden, um Feuer zu erspähen. Jetzt sind sie ein erstaunlicher Touristenort, wie du ihn nirgendwo sonst auf der Welt finden wirst. Wenn du klettern oder Seil-Abenteuerparks magst, wirst du die Bäume in Pemberton lieben!

Warren Nationalpark

Nur 15 Minuten von Pemberton entfernt findest du den **Bicentennial Tree**. Dieser ist ein 75 m (!) hoher Baum, der jetzt offen ist für Touristen, um an ihm hochzuklettern. Ich konnte nicht glauben, dass man das ohne Sicherheitsseile oder ohne einen Ranger, der über den Baum wacht, machen kann. Wir waren die einzigen am Baum! Es sollte ziemlich sicher sein, weil alle 20 cm Stahlstangen im Baumstamm gehämmert wurden, die eine Leiter bilden, die um den Baum herumführt und an der Seite ist so etwas wie ein Sicherheitsnetz. Nur wenn du also deine Stärke verlierst und zwischen die Stäbe fällst, weil du ausrutschst oder ohnmächtig wirst, würde das problematisch werden. Hier habe ich den Boden immer gesehen als ich nach einem der dünnen Stangen griff! So war der Schwindel in den ersten 20 Metern ziemlich schlimm, aber ich schaffte es auf die erste Plattform. Schließlich umarmte ich den Baum, um meine Nerven zu beruhigen und so zu tun, als wären wir auf etwas Solidem, das sich nicht im Wind bewegte. Meine Freundin war so motiviert, ganz nach oben zu kommen, dass ich auch weiterkletterte. Nach einer Weile wurde es einfacher. Am Ende waren es nur Stahlleitern von Plattform zu Plattform. Von oben hatte man einen weiten Blick über den Karriwald bis zum Meer. Leider gibt es keinen Lift oder eine Seilrutsche. Daher muss man alles, was man erklommen hat, wieder runterklettern. Zumindest kam der Boden mit jedem Tritt näher. Auf dem Boden wirst du stolz sein, dass du gerade 75 m geklettert bist, ohne an einem Seil befestigt zu sein.

Gloucester-Nationalpark

Gloucester Tree ist der zweithöchste Baum (61 m), den du besteigen kannst und wir haben auch diesen überprüft. Zu Oberst war eine Person und ein anderes Paar kletterte gerade herauf. Jemand wartete auf den Bänken auf dem sicheren Boden. Es war wahrscheinlich zu hoch für ihn. Ich machte ihm keine Vorwürfe, denn hier ist die erste Plattform auf etwa 40 m und es gibt keine Pause davor. Aber es ist auch eine unterhaltsame Beschäftigung.

4.8 Denmark

In dieser Stadt findest du weitere Weingüter für eine Weinprobe, eine Käserei und eine Schokoladenfabrik. Falls dein Verlangen von Margaret River noch nicht befriedigt ist, kannst du hier noch einmal in eine Verkostung eintauchen. **Green Pool** ist eine wunderschöne Bucht für eine Mittagspause, um den bezaubernden Meerblick zu genießen.

4.9 Albany

Albany ist eine sehr Backpacker-freundliche Stadt. Es gibt ein paar kostenlose Campingplätze in Stadtnähe, es hat kostenlose, heiße Duschen und Toiletten in der Nähe des Besucherzentrums und alles sollte Trinkwasser sein, wenn es nicht anders angegeben ist. Das Wi-Fi in der Bibliothek ist ebenfalls kostenlos. Darüber hinaus ist die Dame im Besucherzentrum sehr freundlich und gibt dir eine hilfreiche Karte der Gegend.

The Gap und Natural Bridge

The Gap ist eine kleine Schlucht im Ozean, die sich mit Wellen füllt und immer wieder entleert. Ganz in der Nähe befindet sich eine Felsformation, die wie eine Brücke aussieht. Sie ist riesig und die Leute, die darauf herumlaufen, sehen winzig aus.

Blow Holes

Im **Torndirrup Nationalpark** in der Nähe von The Gap und Natural Bridge hat es nach einem 30-minütigem Fußmarsch einigen Felslücken, durch die der Ozean manchmal Wasser hoch in die Luft drückt. Leider findet dieses Naturschauspiel nicht jeden Tag statt und um nicht vergeblich dorthin zu gehen, könnte man andere Touristen im Park fragen, die den Spaziergang schon gemacht haben, ob die Blow Holes tatsächlich prusten. Darüber hinaus ist es gefährlich, an einem windigen Tag auf dem exponierten Felsrücken herumzulaufen. Darüber hinaus klingt das Grollen des

Wassers unter den Füßen beeindruckend und beängstigend.

4.10 Porongroup Nationalpark

Das Highlight hier ist **Granite Skywalk.** Um dorthin zu gelangen, parkst du das Auto am **Castle Rock** Parkplatz. Der Wanderweg ist 2,2 km lang. In den ersten 50 Minuten ist es ein stetiger Aufstieg, den jedoch jeder bewältigen kann. Dann erreichst du einige bizarr aussehende Felsen. Einer von ihnen heißt **Balancing Rock.** Er steht wie eine Skulptur auf einem anderen Stein. Nach weiteren 50 m erreichst du einen Aussichtspunkt, von welchem du einen herrlichen Blick über die Landschaft hast. Wir hätten wahrscheinlich das Meer gesehen, wenn das Wetter besser wäre. Danach ist es nur noch ein kurzer Aufstieg zum Granite Skywalk, einer tollen Stahlkonstruktion um eine Felsplattform herum. Es ist eine coole Wanderung, aber viel touristischer als die Wanderungen in Karijini.

4.11 Wave Rock

Dies ist ein massiver, wellenartiger Felsen und damit definitiv eine einzigartige Sehenswürdigkeit, die besucht werden sollte! Er liegt in Hyden, 350 km nördlich von Albany (Inland) und somit etwas abseits gelegen. Jedoch ist er einen Umweg auf dem Rückweg nach Perth wert. Am Anfang des Weges in Richtung Wave Rock gibt es eine Maschine, wo du ein Parkticket für das Auto lösen musst. Wenn du Glück hast, geben die Leute vor dir

sogar ihr Ticket an dich weiter (oder du an die nächsten Leute). Aber es ist auch ein schönes Souvenir.
Der Spaziergang entlang der riesigen Welle und zurück auf der Kante dauert etwa eine Stunde, wenn du es langsam angehst. Es ist unglaublich, wie rutschig der Fels ist, wenn du versuchst für ein Surf-Bild zu posieren, aber so oder so eine lustige Sache.

4.12 Lucky Bay in Cape Le Grand Nationalpark

Im Cape Le Grand NP findest du einige der schönsten Strände Australiens. **Hellfire Bay** ist eine Augenweide mit weißem Sand und verschiedenen Nuancen von blauem Wasser. Es ist sehr einladend zu schwimmen und, zum Glück, auch sicher. Unser Favorit war **Lucky Bay**. Diese Bucht sieht bereits fantastisch aus, man darauf zu fährt. Dort sieht man wirklich den Kontrast des klaren blauen Wassers neben dem weißen Sand und den grünen Büschen. Da die Bucht so groß ist, kannst du den Sand entlanglaufen, bis du ganz alleine bist (das gleiche gilt für die Hellfire Bay, wir waren die einzigen Leute). Das Erstaunlichste an Lucky Bay ist jedoch, dass es **Kängurus am Strand hat**! Und auch auf dem Campingplatz.

Von Esperance aus kannst du weiter nach **Norseman** fahren, von wo aus du die großartige Fahrt durch das Nullarbor Plain startest, um Adelaide in Victoria zu erreichen. Das ist eine Straße, die nicht viele Touristen nehmen, aber wenn es dein Ziel ist, einmal durch Australien zu fahren, musst du diese 1000 km lange, gerade Straße nehmen. Oder du kannst mit einem Abstecher via Wave Rock zurück nach Perth fahren.

4.13 Nambung Nationalpark (Pinnacle Wüste)

Bis jetzt hat die Reiseroute von Perth den ganzen Weg nach Süden geführt. Jetzt sind wir zurück in Perth und werden den Norden erkunden.

Nimm den Indian Ocean Dr., um von Perth nach Norden zu fahren. Du wirst eine Mischung aus rotbraunem Schmutz mit grünen Büschen, Bäumen und manchmal gelben Feldern sehen, bis du im Nambung Nationalpark ankommst. Dieser sollte nicht verpasst werden.
Der Nambung Nationalpark war unser erster Nationalpark und ich habe den Nationalparkpass leider nicht schon vorher gekauft. Also musste ich die Eintrittsgebühr zahlen. Netterweise gab uns die Dame ein Formular, mit dem wir eine Rückerstattung für unser Geld bekommen konnten, sobald wir den WA-Nationalpark Pass kaufen würden.

Wenn du deinen Nationalparkpass bereits sichtbar unter deine Windschutzscheibe gelegt hast, kannst du den **Pinnacle Drive** starten. Eine gelbe Sandstraße, die durch Hunderte von gelben Steinen führt, die überall aus der Wüste wachsen. Es erinnerte mich ein wenig an einen Friedhof, außer dass das Gefühl in diesem warmen Licht und in dieser weiten Umgebung völlig anders war.

Du kannst an mehreren Stellen anhalten und mit den Felssäulen Fotos machen. Wir sahen nur einen anderen Van, während wir auf der Rundfahrt waren und dort so allein zu sein war ziemlich cool.

Tipp: Die nächste, größere Stadt im Norden ist Geraldton. Es ist ein guter Ort zum Einkaufen von Last-Minute-Sachen, an die du in Perth nicht gedacht hast. Genieße die Klimaanlage im Einkaufszentrum und das kostenlose Wi-Fi von Target.

4.14 Kalbarri Nationalpark

Bevor du die Stadt Kalbarri erreichst, solltest du den kleinen Umweg zum **Nature's Window Lookout** fahren. Es ist ein wunderschöner Aussichtspunkt über Klippen und die Wellen des Indischen Ozeans. Wenn du Zeit hast, fährst du auch zum Aussichtspunkt, auf der gegenüberliegenden Seite, um auch noch von dort auf die atemberaubenden Klippen zu blicken.

Tipp: Kaufe einen Fliegenschutzhut (Hut mit Netz) und bringe ihn auf diese Reise. Die Fliegen in Kalbarri und an einigen anderen Orten in WA und im Zentrum von Australien sind nerviger als irgendwo sonst auf der Welt. Sie kriechen in deine Augen, deine Nase und deinen Mund und ohne ein Netz oder einen Schal kannst du nicht atmen, schauen oder reden. Vertrau mir. Du wirst es nicht glauben, bevor du diese Plage nicht am eigenen Leib erfahren hast. Plötzlich werden dir Kühe und Pferde, die dies täglich erleben müssen, sehr leidtun.

Um sich nach einem langen Tag zu entspannen, könntest du ein wohlverdientes Bad in der flachen und ruhigen Bucht genießen.
Für mehr Action gehst du zu **Blue Holes**. Es ist ein schöner Ort, 1 km südlich von Kalbarri, wo ein Riff kleinere Riffe vor den Wellen schützt und daher perfekt zum Schnorcheln ist. Eine weitere Option wäre **Red Bluff Beach**, wo du die schönen Felsformationen betrachten kannst. Wenn die Wellen hier jedoch zu unruhig sind, fährst du lieber zurück in die Stadt und schwimmst dort am Strand.

Kalbarri-Nationalpark

Der Eingang zum Kalbarri Nationalpark ist über 10 km außerhalb der Stadt und um zum ersten Aussichtspunkt über die Schlucht zu gelangen, sind es noch 30 km auf einer sehr holprigen Straße. Denk daran und tanke das Auto voll, bevor du mit deinen Erkundungen in diesem Nationalpark beginnst.

Das Highlight im Kalbarri NP ist **Nature's Window**. Der Weg vom Parkplatz zu Nature's Window ist 500 m, was bedeutet, dass man 1 km dorthin gehen und zurückkommen muss. Du denkst wahrscheinlich, pha, das ist ja nichts. Versuche dies jedoch in dieser Hitze... In Kalbarri ist es normalerweise extrem heiß und du wirst mehreren Schildern begegnen, die vor zu viel Bewegung bei großer Hitze warnen. Für uns war der Weg bis zum Nature's Window okay, aber auf dem Rückweg klopften sogar unsere gut trainierten Herzen ziemlich schnell und wir brauchten zuerst eine Pause in der Hütte neben dem Parkplatz. Allerdings sind die orangefarbenen Felsen, die Nature's Window bilden und der atemberaubende Blick über die Schlucht mit dem blauen Fluss, einen Besuch wert. Du kannst viele schöne Bilder machen und so tun, als ob du ein Kletterer wärst.

Pelikanfütterung

Fast jeden Tag des Jahres kannst du eine Fütterung der Vögel mit ihrem großen Schnabel erleben. Die Fütterungen finden um 8.45 Uhr am Kalbarri-Ufer, gegenüber dem **Murchison Caravan Park,** statt. Übrigens ist der Murchison Caravan Park auch ein guter Ort, eine oder zwei Nächte zu bleiben. Er hat einen Gefrierschrank in der Küche und Strom, um die Akkus aufzuladen. An dem Tag, an dem wir die Fütterung beobachteten, waren wir eine Gruppe von ungefähr zwölf Touristen. Fünf Pelikane näherten sich vorsichtig, um Fische zu erhalten. Eine Frau erklärte ein paar Dinge über die Tiere und dann warf sie den ersten Fisch in einen ihrer Münder. Den Rest der Fische konnten die Touristen dann verfüttern. Danach beobachteten wir, wie sie zurück ins Wasser flogen und beobachteten, wie sie eine Weile herumschwammen. Eine Spende von einem Dollar pro Person wird geschätzt, um die Kosten für den Fisch und die Zeit der Freiwilligen zu decken.

4.15 Hamelin-Pools

Die Hamelin Pools befinden sich an der Korallenküste von Westaustralien. **Coral Coast** hört sich an sich schon nett an und sollte daher nicht übersprungen werden. Die Hamelin-Pool-Stromatolithen sind die ältesten und größten, lebenden Fossilien der Erde. Sie sind Teil der evolutionären Geschichte der Erde und werden als "lebende Fossilien" betrachtet. Für Geologen und Botaniker ist Hamelin Pool ein Ort von großem Interesse. Für alle anderen Besucher ist es ein Ort mit einem schönen Steg, der über diese seltsamen Felsen im wunderschönen, türkisfarbenen Wasser führt. Definitiv ein geeigneter Ort, um sich nach einer langen Fahrt die Beine zu vertreten.

4.16 Shell Beach

Shell Beach befindet sich in der Shark Bay World Heritage Area, 45 km südöstlich von Denham und in der Nähe von den Hamelin Pools. Wie der Name schon sagt, handelt es sich um einen Strand, der ausschließlich aus kleinen, weißen Muscheln besteht. Das Wasser ist so intensiv blau, dass es sehr zum Schwimmen einlädt.

4.17 Monkey Mia

Monkey Mia ist berühmt für die Begegnungen mit den Delfinen und viele Touristen nehmen den Umweg von 170 km (eine Richtung) in Kauf, nur um zu sehen, wie sie gefüttert werden. Nachdem ich auch in Bunbury gewesen bin, würde ich empfehlen, Monkey Mia zu überspringen. Es ist jedoch immer noch ein schönes Resort mit Zimmern, Bungalows, Schlafsälen, einem Pool, zwei Restaurants und einem grünen Fleck, wo Camper ihre Zelte aufstellen können. Ein guter Ort, um ein paar Tage Urlaub zu machen. Bevor du jedoch für deinen Campingplatz oder dein Hotelzimmer bezahlst, musst du zahlen, um den Monkey Mia Park zu betreten. Erst nachdem du das Formular ausgefüllt und das Geld in die Box fallen gelassen hast, kannst du weiter zur Rezeption gehen.

Falls du zeltest, achte auf die Emus, die sich frei auf dem Gelände bewegen. Wenn du nicht immer alle Öffnungen deines Autos oder Vans schließt, stehlen sie alles Essbare daraus. Wir sahen, dass dies den Jungs neben uns passiert ist, also waren wir sehr vorsichtig und deshalb störten uns die Emus mit ihren gruseligen Augen nicht. Die Duschen für die Camper waren wunderschön, das Wasser gut und die Küche im Schlafsaal war auch gut eingerichtet.

Am nächsten Morgen standen wir für die Delfinfütterung auf. Zuerst mussten wir 45 Minuten dastehen und warten, bis die Delfine sich wohl genug fühlten oder bereit waren, Fisch von uns zu akzeptieren. Während der ganzen Zeit erklärte ein Ranger Dinge über die Delfine. Dieser Teil war interessant und es war wirklich schön zu beobachten, wie sich die Delfine annäherten und dann wieder verschwanden. Jedoch war es eine ziemlich lange Zeit, um in der Sonne zu stehen, ohne wirklich gefrühstückt zu haben. Dann werden nur drei Touristen ausgewählt, um dem Delfin einen Fisch zu füttern und die Wahrscheinlichkeit, dass du es bist, ist sehr gering. Zum Glück haben wir uns am Vorabend mit einem der Ranger angefreundet und so war ich eine der glücklichen Touristen, die einen Fisch in den Mund eines Delfins legen konnte.

Die meisten Leute bleiben nur eine Nacht im Resort und verlassen es dann nach der Delfinfütterung. Das war unser Glück, denn nach der Fütterung waren kaum Menschen am Strand. Nach einer Weile kamen die Delfine zurück und schwammen in unmittelbarer Nähe zu uns im Wasser. Die Versuchung, sie zu berühren, war groß, aber da die Ranger uns wiederholt gesagt hatten, dass wir das nicht tun sollten, weil wir Krankheiten übertragen würden, widerstand ich dem Drang und war einfach glücklich, ihnen im Wasser so nahe zu sein. Dies war nun schon eine ziemlich coole Erfahrung.

4.18 Coral Bay – Eine traumhafte Bucht

Es gibt nur drei Orte in Coral Bay, bei welchen man übernachten kann und nicht wirklich etwas anderes zu sehen, außer dem paradiesischen Strand. Die Farben des Sandes und Wassers sind erstaunlich. Der erste Teil des Wassers war so klar und hellblau, dass wir uns fühlten, als ob wir in einem Pool schwimmen würden. Dann, wenn das Wasser tiefer wird und wenn das Riff anfängt, ändert sich die Farbe zu einem dunkleren Blau. Du kannst einige schöne und witzig aussehende Fische sehen, wenn du schnorcheln gehst. Das Riff mit den Fischen beginnt, nachdem du 10 m ins Wasser gegangen bist.
Glücklicherweise gibt es am Anfang des Sandes einige Schattenunterstände, sodass du einen entspannten Tag im Sand verbringen kannst.

4.19 Exmouth

Exmouth ist die größte Stadt auf dem Weg zum Cape Range Nationalpark und der Ausgangspunkt für Touren zum **Ningaloo Reef** und Cape Range NP. Das Ningaloo Reef ist berühmt für die Walhai Begegnungen von April bis Juli und Buckelwale von Juli bis Oktober.

Tipp: Wenn du nur einen guten Platz zum Schwimmen mit etwas Schatten zum Entspannen am Strand haben möchtest, gehe zum Bundegi Beach. Du kannst dich unter dem Steg ausruhen, der Schatten bietet und viele Fische um den Steg herum sehen, falls du deine Schnorchel Ausrüstung mitgebracht hast.

4.20 Cape Range Nationalpark

Dies war einer der schönsten Nationalparks zum Campen, da es sich wild anfühlte und es einige neugierige, süße Kängurus gab, die uns neugierig musterten. Andererseits hatte es immer noch genug andere Camper in Sichtweite, dass wir keine Angst davor hatten, in der Wildnis zu sein.

Tipp: Stehe bei Sonnenaufgang auf und beginne deine Wanderung früh. Es hat kaum Schatten in diesem Nationalpark und alles nach 11 Uhr wird hart für deinen Körper.

Yardie Creek

Ein guter Ausgangspunkt für eine Wanderung ist Yardie Creek, etwa 50 km in den Park hinein und der südlichste Punkt, der für 2WD Autos zugänglich ist. Die Fahrt dorthin dauert etwas länger als auf einer Autobahn, da man wegen den Kängurus, die auf die Straße springen könnten, nur 60 km/h fahren sollte. Alle Road Kills, die

du bisher gesehen hast, werden Grund genug sein, sich an dieser Geschwindigkeitsbegrenzung zu halten.
Die Wanderung war am Anfang sehr einfach, da es ein gerader Pfad war. Jedoch war es da bereits sehr schön mit dem blauen Ozean und dem weißen Sand hinter uns und der rote Boden mit einem blauen Fluss, der in die orange, rot, weiße Felswände neben uns floss. Dann wurde der Spaziergang zu einer Wanderung mit losen Felsen und Auf- und Abstiegen. Für die meisten Leute immer noch okay, aber wir waren froh, dass es in den frühen Morgenstunden keine Fliegen gab.
Wir sahen einige Adler und andere Vögel, die schöne Lieder pfiffen. Sie klangen wie Menschen, die pfeifen. Neben den Tieren haben wir auch einen Typen getroffen, der uns erzählt hat, wie er die letzten zwei Jahre gereist ist, weil er die australische Lotterie gewonnen hatte. Der Glückliche!
Die Aussicht auf dieser Wanderung ist wirklich atemberaubend und die Fahrt nach Yardie Creek lohnt sich ebenfalls.

Turquoise Bay

Ein weiterer schöner Strand und ein guter Ort, um nach einer Wanderung ein Bad zu nehmen ist Turquoise Bay. Sie eignet sich auch gut zum Schnorcheln. Es gibt fast das gleiche zu sehen, wie in Coral Bay, außer dass ich einige Miniaturversionen von Schmetterlingsfischen und andere kleinen Fischchen sah. Vielleicht waren sie Babys? Leider gab es keinen Schatten am Strand. Wenn es auch zu heiß wird, fahrt zum **Besucherzentrum**, wo sie gute Informationen über den Park und die Tiere haben. Einige Kängurus hatten die gleiche Idee wie wir und lagen im Schatten des Zentrums. Zudem hatte es Toiletten und Picknicktische unter Bäumen.

4.21 Karijini Nationalpark

Von Exmouth nach **Tom Price**, dem Ausgangspunkt für Ausflüge in den Karijini Nationalpark, sind es etwa sechs Stunden Fahrt durch das australische Outback. Lass dich nicht davon abhalten, den Karijini NP zu besuchen. Dies war mein Lieblings-Nationalpark! Nur schon wegen dieses Parks ist eine Reise nach Western Australia ein Muss für alle Abenteuerliebhaber!
Wir waren begeistert von der kleinen Stadt Tom Price, wo es endlich wieder günstiger war. Es gibt einen Coles, wo du dich mit Lebensmitteln und Campingutensilien eindecken kannst, bevor es in den Nationalpark geht, wo man sich wieder selbst versorgen muss. Benzin war hier auch am billigsten seit Perth.

Tipp: Bevor du in den Nationalpark fährst, halte an der Touristeninformation oder in einem Hotel an, um zu fragen, ob es sicher ist, den Park zu betreten. Es ist möglich, dass die Schluchten bei starken Regenfällen schnell mit Wasser gefüllt werden und man im Park stecken bleibt. Daher ist es sicherer, Karijini nur bei gutem Wetter zu besuchen.

Besucherzentrum

Im Karijini Nationalpark hat es ein Besucherzentrum. Du kannst dich in der Klimaanlage abkühlen, während du dir die Displays schaust. Es ist auch ein guter Ort, um im Schatten des Zentrums ein selbstgemachtes Mittagessen zu genießen.

Fortescue Wasserfall

Du kannst zum gleichnamigen Parkplatz fahren und dann zu seinem Pool hinunterwandern. Die Landschaft ist atemberaubend; rote Felsen mit grüner Natur, Schluchten neben Feldern, die mich ein bisschen an die Schweiz und die bunten Hügel erinnerten. So anders als alle trockenen Gebiete und die Küste, die wir bis jetzt gesehen hatten. Und in dieser Farbmischung findest du einen wunderschönen Wasserfall mit einem einladenden, blauen Pool. In allen Reiseführern hatte es geheißen, das Wasser sei eiskalt, aber vielleicht nicht im Februar, denn es war wärmer als der Ozean.

Weano Schlucht

Eine holprige Fahrt führt dorthin, aber es lohnt sich, wenn du gerne ein wenig kletterst. Der beste Weg in der Weano Gorge ist der **Hancock Gorge Trail**, der zum **Kermit Pool** führt. Auch hier ist die Umgebung einfach atemberaubend. Es beginnt leicht mit einer Leiter und einem steinigen Pfad durch die Schlucht. Dann erreichst du einen Pool mit einem Schild, das besagt, dass du nicht auf die Felsen klettern darfst. Also wird es Zeit, die Schuhe auszuziehen und die Hosen hochzukrempeln, denn jetzt musst du durch das Wasser waten. Es war nur ca. 20 cm tief als wir dort waren. Wenn du die andere Seite erreichst, bist du vollständig von roten Wänden umgeben (sie nennen diesen Ort **Amphitheater**). Danach bist du am Anfang vom **Spiderwalk**. Äh, ja, klingt nicht sehr attraktiv. Ich hoffe, er hat seinen Namen, weil man durch die enge Schlucht klettern muss, mit den Händen und Füssen, zwischen den Felswänden gespreizt und nicht weil in den Felsen Spinnen versteckt sind (ich habe keine gesehen). Halte dich besser an den Wänden fest, denn unter dir hat es Wasser und vielleicht auch spitze Steine. Nach diesem kurzen Stück erreichst du schon Kermit's Pool, wo du ein Bad nehmen kannst. Die Temperatur in der Schlucht ist sehr angenehm im Vergleich zu der Hitze oben.

Joffre Schlucht

Von diesem Parkplatz aus ist es nur ein kurzer Weg zum Aussichtspunkt. Auch hier war der Blick über die Schlucht und den Wasserfall sehr schön, aber es hatte nicht so viel Wasser wie bei den anderen Wasserfällen.

Fern Pool

Abgesehen vom Blick auf den schönen **Fortescue Wasserfall** solltest du ein wenig weiter zum Fern Pool wandern. Auf dem Weg kannst du Leguane entdecken. Fern Pool ist sehr sauber und ein wenig größer als der am Fortescue Wasserfall. Es gab auch zwei kleine Wasserfälle am Fern Pool. Wenn du aufblickst, wirst du viele schwarze Flecken in den Bäumen sehen. Das sind keine faulen Früchte, sondern schlafende Fledermäuse, die mindestens 30 cm lang sind.
Du kannst im Pool schwimmen und es hat sogar einige kleine Fische, die deine tote Haut fressen. Gratis Fisch Spa :)

4.21.1 Wohin kann ich von hier an weiterfahren?

Es sieht so aus, als würden viele Leute Karijini auslassen, aber ich würde sagen, wenn du nach WA gehst, ist das der Ort, den du unbedingt sehen musst, weil der Nationalpark so atemberaubend und anders ist als alles andere. Falls du von hier aus nach Perth fährst, ist

Newman der erste Ort, den du Zivilisation nennen kannst. Es gibt viele Geschäfte, das Benzin ist billiger und im Besucherzentrum kannst du das starke WIFI nutzen.

Wenn du weiter auf dem Great Northern Hwy nach Süden fährst, erreichst du **Meekatherra**. Es gibt nicht viele Sehenswürdigkeiten entlang des Great Northern Hwy. Auch Meekatherra ist nicht zu erwähnen, weil es schön ist, sondern weil es eine mega Goldgrube gibt. Du kannst das große Loch von der Straße oder von einem der Wanderwege aus sehen. Es ist jedoch nicht möglich, es zu besuchen.
Wenn du diese Route fährst, ist es trotzdem etwas Interessantes zu sehen, nur weil du nicht jeden Tag an solch einem großen, menschengemachten Loch vorbeikommt. Abgesehen davon ist Meekatherra ziemlich unheimlich, da es eine Geisterstadt ist und nur noch Aborigines dort leben. Es ist auch bekannt als eine der heißesten Städte in WA, die mehrmals im Dezember die 45 °C Marke übertrifft. Meekatherra ist das Wort der Aborigines für "wenig Wasser".

4.21.2 Wie man mit Road Trains umgeht

Auf dem Great Northern Hwy haben wir wirklich unseren Anteil an langen Straßentrucks abbekommen. In Australien nennen sie große, lange Lastwagen Road Trains. Sie waren manchmal fünf Lastwagen lang oder breiter als die ganze Straße, sodass wir in den Staub fahren und warten mussten, bis sie uns gekreuzt hatten.

Leider gibt es ein kleines Dilemma mit dem Überholen. Die Road Trains fahren auch ziemlich schnell, aber wenn die Straße breit genug ist, kannst du es mit dem Überholen versuchen. Sei vorsichtig mit dem letzten Wagen, denn dieser kann plötzlich, unkontrolliert schlittern. Außerdem wäre es ein Problem, wenn die Straße plötzlich wieder schmaler wird oder wenn von der anderen Seite ein Auto kommt. Es dauert eine Weile, bis du es endlich am Road Train vorbeischaffst. Sie einfach nicht zu überholen ist leider nicht wirklich eine Option, weil es sehr schlecht für die Windschutzscheibe deines Autos ist, wenn du zu lange hinter einem Road Train fährst. Zudem wirst du, wenn du zu viel Abstand zwischen dir und dem Lastwagen vor dir lässt, bald zwischen zwei Straßenzügen eingepfercht sein (der hinter dir wird bestimmt nicht den notwendigen Abstand zu dir halten. Ich will mir nicht vorstellen, was passieren würde, wenn der Truck vor dir eine Notbremse machen müsste ...).
Die Küstenstraße ist daher entspannter zu fahren, da es keine Road Trains gibt. Auf der anderen Seite ist es etwas Besonderes, zu sehen, wie ein ganzes Haus auf einem Lastwagen transportiert wird.

4.22 Port Hedland

Wenn du vom Karijini Nationalpark nach Norden fährst, wird Port Hedland die erste große Stadt sein, die du erreichst. Nun bist du zurück an der Küste. Die Fahrt von Karijini nach Port Hedland dauert etwa fünfeinhalb Stunden durch die **Pilbara Region**. Port Hedland ist eine kleine Stadt mit ein paar größeren Supermärkten

und daher gut, um sich wieder mit Essen und Wasser zu versorgen. Es hat auch einige Bars und Restaurants. Abgesehen von einem großen Industriehafen, gibt es für einen Touristen nichts zu tun und so ist es nur ein guter Ort, um vielleicht eine Nacht zu verbringen. Von hier nach Broome hast du weitere 610 Kilometer vor dir. Eine gute Idee ist es, morgens früh aufzustehen und somit immer zu angenehmen Zeiten an deinem nächsten Ziel anzukommen. Es ist wichtig, alle drei Fahrstunden kleine Pausen zu machen, um deine Energie aufrechtzuerhalten!
Zwischen Port Hedland und Broome gibt es außer Stränden und trockenem Land nicht viel zu sehen. Du wirst nur an zwei Rasthäusern mit schrecklichen Preisen vorbeifahren. Stelle daher sicher, dass dein Tank voll ist und du genug Wasser und Nahrungsmittel dabei hast.

4.23 Broome

Broome ist der Ausgangspunkt mit einigen großen Supermärkten, um die wilde und schöne **Kimberly Region** zu erkunden. Wenn du ein 4WD hast, solltest du die **Gibb River Road** durch das Kimberly Outback nehmen. Es ist eine weitgehend unversiegelte Straße und kann aufgrund schlechter Wetterbedingungen schwierig zu passieren sein. Das heisst, wenn du die Kimberlies erkunden willst, musst du Nahrung und Wasser für mindestens eine Woche bringen, für den Fall, dass du stecken bleibst. Wenn du nur ein 2WD Auto hast, nimmst du den Great Northern Hwy in Richtung **Northern Territory**. Die Strecke ist länger als Gibb River Road, aber sie verläuft auf normalen Straßen und ist daher einfacher und schneller zu fahren. Trotzdem gibt es einige coole Dinge zu sehen. Mehr dazu auf den nächsten Seiten, zuerst ein paar Infos über Broome.

4.23.1 Was man in Broome unternehmen sollte

Leider ist Broome eine ziemlich teure Stadt und daher kein wirklicher Backpackerort. Es ist jedoch immer noch ein guter Ort, um zwei oder drei Tage zu verbringen.

Cable Beach

Broome ist berühmt für Cable Beach, eine riesige Strecke von weißem Sand, umgeben von roten Felsen, mit einem wunderschönen, aquamarinen Ozean, der sich bis zum Horizont erstreckt. Hier kannst du einige der beeindruckendsten Sonnenuntergänge der Welt genießen und warum nicht vom Rücken eines Kamels aus?
Cable Beach ist 22 Kilometer lang. Während der Trockenzeit von Mai bis Oktober kannst du unbedenklich schwimmen. In der Regenzeit können sich leider tödliche Quallen im Wasser befinden. Auch wenn du gerne surfst, ist das hier in Broome (Beach Break) möglich, besonders während der Zyklon Saison.

Perlen

Eine der florierenden Industrien von Broome ist die Perlenindustrie. Du kannst die Perlen in einem der Ausstellungsräume anschauen oder sogar eine Tour zu den Austernfarmen machen.

Dinosaurier

Nach einer zehnminütigen Autofahrt erreichst du den **Gantheaume Point Beach**. Dies ist der Ausgangspunkt für Broome's Kajaktouren, Walbeobachtungstouren (Juni bis Oktober), Angelcharter und ausgedehnte Kreuzfahrten. Der interessanteste Anblick ist jedoch ein Dinosaurier-Fußabdruck, der gut im Fels erhalten ist und mehr als 130 Millionen Jahre alt ist. Du findest ihn, indem du den abgetretenen Pfad zum Gantheaume Point Cliffs und Leuchtturm nimmst. Gehe an dem Hinweisschild vorbei, um zu den künstlichen Dinosaurierspuren zu gelangen. Dies ist eine beliebte Attraktion für Kinder. Die echten Dinosaurier-Fußabdrücke können bei sehr niedrigen Gezeiten am Fuß der Klippe gesehen werden.

Asiatische Kultur

Broome hat eine der größten asiatischen Gemeinden außerhalb Chinas und Japans. Du wirst vielen asiatischen Restaurants begegnen oder du könntest den historischen, japanischen Friedhof besuchen und über 700 Grabsteine aus bunten Felsen anschauen.

Märkte

Kaufe am Samstag (ganzjährig) und Sonntag (April bis Oktober) handgemachten Schmuck, Kleidung und leckeren Street Food auf den **Courthouse Markets**. Ein besonderer Leckerbissen ist der Nachtmarkt "**Staircase to the Moon**", der von Juni bis Oktober in den zwei

Nächten des Vollmondes im Town Beach Reserve stattfindet.

Um von Broome aus in Richtung Northern Territory zu reisen, hast du zwei Möglichkeiten.

4.24 Erste Option: Gibb River Road

Diese Straße war früher ein echtes Abenteuer und nur für erfahrene Allrad-Autofahrer. Das hat sich in den letzten Jahren jedoch geändert. Die Gibb River Road ist heute in einem ausgezeichneten Zustand und große Teile davon sind versiegelt. Es gibt Brücken über einige Flüsse und andere Bachüberquerungen wurden mit Beton verstärkt. Die Gibb River Road ist jedoch nur in der Trockenzeit von **April bis Oktober** geöffnet. In den anderen Monaten ist sie geschlossen. Besonders in der Hauptsaison, wenn die Flüsse niedrig sind, wird Gibb River Road kein Problem sein. Du wirst dein Auto nicht einmal ins 4WD wechseln müssen. Der Anfang der Saison (April bis Juni) ist eine andere Geschichte. Wenn die Gibb River Road neu geöffnet wird, hat es immer noch viel Wasser in den wichtigsten Flussüberquerungen. In den ersten Wochen musst du möglicherweise mehr als 500 mm Wasser durchfahren. Dann brauchst du ein großes 4WD mit Schnorchel. Alles in allem musst du wissen, wie viel Wasser dein Fahrzeug bewältigen kann. Es gibt jedoch keine Möglichkeit, Wasserstände im Voraus vorherzusagen. Wenn du planst, im April / Mai zu reisen oder mit kleineren Autos und 2WD sogar Juni, musst du die aktuellen Bedingungen der Straße im Auge behalten. Frage den Ranger oder die Polizei in einer

Stadt im oberen Teil von Western Australia oder im Northern Territory oder suche im Internet nach den aktuellen Straßenzuständen.
Um die Gefahr zu vermeiden, dass der Reifen platzt, musst du langsam fahren (nicht mehr als 60 km/h auf steinigen Abschnitten) und verringere den Reifendruck, bevor du Offroad fährst. Der empfohlene Druck variiert je nach Größe des Fahrzeugs und der Ladung. Wenn du unsicher bist, könntest du die Mechaniker fragen, die an einer Tankstelle arbeiten. Bringe außerdem einen Ersatzreifen in deinem Auto mit.
Gibb River Road ist eine Tiertransportroute und viele Road Trains fahren auf dieser Straße. Normalerweise hat es zu viel Staub von den Lastwagen, dass man weit genug sehen kann, um sie sicher zu überholen. Daher ist es besser, sie nicht zu überholen.

Du brauchst keine Genehmigung, um auf der Gibb River Road zu fahren oder die üblichen Attraktionen zu sehen. Wenn du jedoch die **Kalumburu Aboriginal Community** besuchen möchtest, musst du eine Genehmigung organisieren (https://aapapermits.microsoftcrmportals.com/), bevor du losfährst. Die Einreiseerlaubnis kann kostenlos online erworben werden und dauert etwa zwei Tage für die Bearbeitung.

Camping ist nur in ausgewiesenen Bereichen erlaubt.

Zu guter Letzt, um dir deine letzten Bedenken wegzunehmen; auf der ganzen Straße gibt es viele

Straßenschilder. Du könntest dich nicht verfahren, auch wenn du es versuchst!

Was man entlang der Gibb River Road unbedingt sehen muss

Windjana-Schlucht-Nationalpark

Windjana Gorge ist einer der besten Orte in Australien, um **Süßwasserkrokodile** in freier Wildbahn zu sehen. Der Lennard River durchschneidet die Schlucht und du wirst abwechslungsweise Vögel und Krokodile sehen, die sich in der Nähe von Wasserlöchern sonnen. Als Wanderung kannst du den **Gorge Walk** nehmen, der auf dem Campingplatz beginnt und sich 3,5 km durch die Schlucht schlängelt, aber es gibt auch kürzere Spaziergänge. Ein 4WD wird empfohlen, um den Nationalpark zu erreichen.

Lennard River Gorge

Die Lennard River Gorge ist etwa 1,5 Autostunden von der Windjana Gorge entfernt. Folge dem zwei Kilometer langen Wanderweg vom Parkplatz entlang einer Bachlinie bis zum **König-Leopold-Sandstein**, bis du zu einem Aussichtspunkt gelangst. Von dort hat man einen dramatischen Blick auf die Schlucht und die Wasserfälle. Die Straße zum Parkplatz ist nur für 4WD geeignet.

Bell Gorge

Bell Gorge ist sehr malerisch und daher eine der beliebtesten Schluchten entlang der Gibb River Road. An der Spitze des Silent Grove Valley, fällt Bell Creek 150 Meter in einen tiefen Pool, umgeben von Felsvorsprüngen und geschützt von Felswänden. Es ist großartig zum Schwimmen.

Galvans Gorge

Dies ist die am besten zugängliche Schlucht entlang der Gibb River Road und ein Spaß zum Eintauchen. Du kannst im Isdell River schwimmen, an einem Seil darüber schwingen oder einfach unter dem Wasserfall eine Massage genießen.

Mitchel-Nationalpark

Mitchel Falls sind wahrscheinlich die schönsten Wasserfälle in Australien und genießen daher viele Besucher, obwohl es ein bisschen eine Fahrt ist, um dorthin zu gelangen. Es lohnt sich jedoch, aber leider benötigst du seit 2018 eine Genehmigung für den Zugang zum **Mitchell Plateau**. Der **Ngauwudu Road Zone Pass** ist fünf Tage gültig und kostet $45 pro Person. Du kannst den Pass auch online kaufen (www.wunambalgaambera.org.au/uvp-single-person-packages/uvp-independent-ngauwudu).
Etwa 60 km entlang der Kalumburu Road findest du **Drysdale Homestead**. Hier kannst du Mahlzeiten, Treibstoff, Eis und weitere Dinge des Grundbedarfs

bekommen. Danach musst du wieder unabhängig sein. Die Mitchell Plateau Pfad wird aus dem Grund Pfad genannt, weil es eine unbeaufsichtigte Straße ist und daher in einem sehr schlechten Zustand sein kann. Finde vorher heraus, was das für die Versicherung deines Autos bedeutet.
Wenn das nach zu viel Arbeit klingt und du das nötige Geld hast, kannst du auch von Drysdale aus einen Rundflug (www.drysdaleriver.com.au/scenic_flights.htm) über Mitchell Falls unternehmen.

Mitchel Plateau Track erstreckt sich über 85 Kilometer bis zum Mitchell Falls Camping-Bereich (Rangers werden von ca. Mai bis Oktober da sein und können dir bei Fragen helfen). Du solltest zwei bis drei Stunden für diesen Straßenabschnitt einplanen. Nur ein paar Kilometer nach der Abzweigung stößt du auf das größte Hindernis auf dieser Strecke: **King Edward River Crossing.**

Der Mitchell Falls Campingbereich hat keine Duschen, aber du kannst Wasser aus dem Fluss holen und es gibt Toiletten. Falls du nach einem Abstecher zu den Wasserfällen deine Meinung geändert hast und nicht mehr zu Fuß zurückgehen willst, kannst du eine Helikopter-Tour auf dem Campingplatz buchen. Oder du kannst dich auch beide Wege (hoch und zurück) fliegen lassen.

Die erstaunliche Wanderung zu den Wasserfällen dauert vier bis sechs Stunden. Es ist ein schwieriges Terrain und es hat viele Nebenstrecken, die es zu erkunden gibt. Die

Wanderung beginnt am Campingplatz und es gibt eine Infotafel, die dir einige Fakten über die Gegend erklärt. Zuerst musst du den hübschen **Mertens Creek** überqueren, der auch ein guter Ort für ein entspannendes Bad am Abend ist. Fünfzehn Minuten später bist du bei den **Mertens Falls**. Vorsicht in der Nähe der Klippe! Du kannst die Fälle zu Oberst überqueren und findest mehrere natürliche "Badewannen", wo du ein Bad genießen kannst. Bevor du jedoch zu den Mitchel Wasserfällen kommst, folgst du dem Fluss auf der rechten Seite und beugst auf den Weg nach links ab, nachdem du eine kleine Felswand hinuntergeklettert bist. Es führt dich zu einer Höhle unter den Wasserfällen.
Die nächste Station ist **Mertens Gorge**, die auch ein Wasserfall ist. Ein riesiger, aber nicht so groß wie die Mitchell Falls. Um zu den Mitchell Falls zu gelangen, musst du **Mertens Gorge** ganz oben überqueren und auf der anderen Seite weitergehen. Von jetzt an ist die Wanderung schwieriger. Es ist ein sehr felsiges Gelände mit großen Felsbrocken, über die man klettern muss und kleinen Kieselsteinchen, die dazu führen, dass man schnell ausrutscht (gute Schuhe tragen). **Mitchel Falls** sind jedoch gleich um die Ecke. Die coole Sache ist, dass du oben am Wasserfall ankommst und einen fantastischen Blick über den Mitchel Fluss hast. Staune gebannt und nimm den Anblick und das Donnergrollen der Fälle wahr. Um weiter auf dem Weg zu gehen, musst du die Fälle überqueren. Auf der anderen Seite erreichst du den Hubschrauberlandeplatz. Von dort ist der Weg gut mit Pfeilen markiert, bis du die Fotoplattform erreichst. Wenn du noch Energie hast, kannst du den

Pfad vor der Plattform nehmen, der nach links führt. Es ist nicht einfach dort hinunterzukommen, aber du wirst schließlich unten an den Wasserfällen ankommen. Hier bist du viel näher an den Wasserfällen und kannst die Wassertropfen spüren. Es ist jedoch nicht möglich zu schwimmen, da dies ein heiliger Ort und Salzwasserkrokodil-Gelände ist! Überall über den Mitchel Falls sollte es sicher sein, solange du nicht über einen Wasserfall fällst.

El Questro Homestead

Ich erwähne diesen Ort nur für die Pferdeliebhaber unter euch, da du mit El Questro Homestead schöne Ausritte im Outback haben kannst. Darüber hinaus bieten sie Deluxe-Unterkünfte und Buschcamps an. Von hier sind es noch 33 km bis zum Ende der Gibb River Road. Fahre danach weiter in die letzte Stadt entlang der Grenze von WA, **Kununurra**. Es ist eine hippe Kleinstadt mit einem großen Supermarkt. Danach betrittst du das Northern Territory. Die nächste Strecke auf dem Great Northern Hwy ist jedoch nochmals eine weite Fahrt und dauert ungefähr 6,5 Stunden, um nach **Katherine** zu gelangen.

4.25 Zweite Möglichkeit: Purnululu Nationalpark

Falls du nicht so viel Zeit hast, die Gibb River Road zu befahren oder nur eine 2WD zur Verfügung hast, benutzt du den Great Northern Highway, um von Broome nach Kununurra zu kommen. Diese Route ist weniger spektakulär, aber es ist alles auf asphaltierten

Straßen und du wirst die dramatisch aussehende **Bungle Bungle Range** im Purnululu Nationalpark passieren. Meiner Meinung nach sehen sie aus wie die Spitze von Sombrero Hüten, die aus der Erde wachsen.

5 Was es im Northern Territory (NT) zu sehen gibt

Das NT bietet die erstaunlichsten, kitschigsten Sonnenuntergänge, wunderschöne Wasserfälle, die Geschichte der Aborigines und generell eine atemberaubende Natur. Es ist ein bisschen weit, von den anderen Staaten dem Auto hierher zu reisen, aber einfach mit dem Flugzeug zu erreichen und sollte nicht übersprungen werden. Das „Top End" zu erforschen ist faszinierend und man könnte Wochen in den vielen Nationalparks verbringen. Das Gute an den spektakulären Nationalparks im NT ist, dass die meisten von ihnen kostenlos sind. Im Moment ist mir nur bekannt, dass Kakadu während der Trockenzeit $40 pro Erwachsener kostet und der Uluru - Kata Tjuta Nationalpark (Ayers Rock und Olgas) hat eine Eintrittsgebühr von $25. Also, miete ein Auto in Darwin oder nimm an einer der Touren teil und beginne mit der Erkundungstour.

5.1 Darwin

Darwin ist die Hauptstadt des Nordens, aber klein und freundlich, sodass du dich schnell wie ein Einwohner fühlen wirst.

5.1.1 Vom Flughafen zum CBD

- Ein Taxi kostet ca. $25 bis $30 (15-20 Minuten)
- Buslink (öffentlicher Bus) kostet $3- $7 pro Person und Strecke (60-90 Minuten)

5.1.2 Was man in Darwin unternehmen kann

Schwimmen in der Lagune

Das ganze Jahr über ist es in Darwin heiß. Aufgrund der Gefahr von Krokodilen kannst du jedoch nicht im Meer schwimmen. Deshalb gibt es eine kostenlose Lagune und obwohl das Wasser ein wenig trüb aussah, als ich dort war, war es eine willkommene Erfrischung.

Mache einen Spaziergang im Botanischen Garten

Der Garten ist klein, aber du siehst lokale Pflanzen. Das große Plus ist das nette Café. Darüber hinaus gibt es ein klimatisiertes Besucherzentrum mit kostenlosem WLAN.

Iss bei den Mindil Beach Markets zu Abend

Diese berühmten Sonnenuntergangs-Märkte sind ein Muss. Es gibt viele Stände mit handgefertigten Dingen, die man kaufen kann. Der Markt wird voll sein mit Menschen, Live-Musik und dem Geruch von gutem Essen. Und all das im sanften Licht der untergehenden Sonne. Danach wirst du davon überzeugt sein, dass du gerade den schönsten Sonnenuntergang gesehen hast.

Gönne dir einen Drink im Ski Club

Ich dachte zuerst, dass sie einfach witzig sein wollten, mit dem Namen. Doch dann merkte ich, dass es um Wasserski geht. Dies ist eine Bar im Freien, am Meer, auf einer grünen Wiese unter Palmen. Es gibt oft Live-Musik. Darüber hinaus ist es ein guter Ort, um einen von Darwins bezaubernden Sonnenuntergängen zu erleben (weniger Menschen als am Mindil Beach).

Geh aus und feiere!

Darwin ist eine Backpacker-freundliche Stadt. Dies bedeutet, dass es viele junge Leute hat, die Party machen. Mit guter Musik und leuchtender Farbe sind im Allgemeinen alle gut gelaunt.

5.1.3 Wie man das NT bereist

Es ist möglich, das NT mit einer Gruppe von Leuten im eigenen Auto zu erkunden. Ich war es jedoch leid, nach Leuten Ausschau zu halten, die mit mir reisten und meldete mich deshalb für eine Gruppenreise an. Ich kann **Wayoutback Tours** uneingeschränkt empfehlen. Sie haben sich sehr um uns gekümmert und dafür gesorgt, dass alle eine gute Zeit hatten.

5.2 Litchfield Nationalpark

Etwa 1,5 Fahrstunden von Darwin erreichst du Litchfield NP. Die Straßen beginnen wieder mehr nach Staub auszusehen und bilden einen orangeroten Kontrast zum Himmel. Das Beste daran; der schöne Litchfield NP kann man immer noch gratis besuchen!

Buley Rockhole

Dies ist ein klarer Fluss, der über Felsen fließt und mehrere natürliche Schwimmbecken und Wasserfälle formt. Es sieht unglaublich schön aus. Plus, das Wasser hat die perfekte, erfrischende Temperatur. Es macht Spaß, gegen die Strömungen der Wasserfälle anzukämpfen und sich dann zurück zum Rand des Pools treiben zu lassen.

Florence Wasserfall

Von der Aussichtsplattform aus sehen diese zwei breiten Wasserfälle fantastisch aus! Man könnte meinen, dass du dein perfektes Bild mit einer Drohne gemacht hast... Die Wanderung hinunter zum Pool ist ein einfacher Spaziergang und dauert weniger als 5 Minuten. Es lohnt sich, in das Wasser zu springen, das grün gegen den Felsen scheint, aber kristallklar ist. Wahrscheinlich wird es eine Menge Leute haben, aber wenn du zu einem der Wasserfälle schwimmst, wirst du ziemlich alleine sein. Der Blick, wenn man auf dem Rücken schwimmt und auf das fallende Wasser schaut, ist unbeschreiblich. Es ist möglich, unter den Wasserfall zu schwimmen und eine schöne Dusche zu genießen. An den Seiten ist der Wasserdruck nicht so heftig.

Wangi Falls

Vom Parkplatz ist es wieder nur ein kurzer Spaziergang zu den Wasserfällen. Wieder konnte ich meine Augen nicht von ihnen lassen, sie waren so atemberaubend!! Tolle Farben und viel Wasser! Litchfield ist ein Muss für Wasserfall-Liebhaber.

5.3 Murray River

Katherine Gorge ist berühmt für Flusskreuzfahrten, aber ein weiterer schöner Ort für eine Bootstour ist Murray River. Bei einer zweistündigen Tour siehst du mehrere große Salzwasserkrokodile und einige Süßwasser-Krokodile. Wir haben sogar ein Babykrokodil gesehen! Außerdem gab es viele Vögel und Seerosen.

5.4 Kakadu Nationalpark

Es gibt jetzt eine Eintrittsgebühr für Kakadu NP, abhängig von der Jahreszeit. Lass dich jedoch nicht vom Geld aufhalten. Ich könnte mich nicht zwischen Litchfield und Kakadu NP entscheiden, du musst beides machen, weil sie beide einzigartig sind.

Ubirr Rock

Eine der besonderen Sehenswürdigkeiten im Kakadu NP ist Ubirr. Es ist ein kleiner, heiliger Berg, von dem du eine fantastische Aussicht hast! Auf dem Weg nach oben ist es wie ein Freilichtmuseum mit alten Wandmalereien.

Hier ist es nett, wenn du einen Führer hast, der dir Geschichten über die Bilder erzählt und dir die Regeln erklärt, wie du dich an solch einer heiligen Stätte verhalten solltest. Nimm dir Zeit mit dem Spaziergang, damit es in der Hitze nicht zu anstrengend wird.

Gunlom Wasserfall

Auf der Fahrt sah ich wilde Esel, ein Wallaby und ein Wildschwein, also schau unbedingt aus dem Fenster, während sich der Fahrer auf die Allradstraße konzentrieren muss. Bei Gunlom wanderten wir 20 Minuten einen steilen Pfad über rutschige und unebene Felsen hinauf. Am Gipfel gibt es einen atemberaubenden Blick über die Ebene. Abgesehen davon stehst du jetzt am oberen Ende des Wasserfalls, der wie ein natürlicher Infinity-Pool aussieht. Die Strömung entlang der Kante war nicht stark und es war möglich, erstaunliche Fotos zu machen.
Wenn du die Wanderung nicht auf dich nehmen willst, kannst du auch einfach am unteren Pool entspannen und schwimmen.

5.5 Kathrine Gorge

Wenn du von Broome aus die Gibb River Road oder den Great Northern Hwy nimmst, ist Kathrine der Ort, an dem du ankommen wirst. Von hier aus kannst du entweder weiter nördlich nach Darwin oder südlich nach Alice Springs fahren. Da wir jetzt schon am oberen Ende waren, konzentrieren wir uns nun auf **Kathrine Gorge** und werden später nach Süden weiterfahren.

Im Besucherzentrum (die Klimaanlage sei gesegnet) gibt es eine schöne Ausstellung über die Gegend. Du kannst für etwa $80 eine Bootstour durch die Schlucht buchen oder ein paar Wanderungen machen. Zum Beispiel kannst du bis an die Klippe der Schlucht wandern, von wo du einen atemberaubenden Blick über das Wasser und die Felsen hast. In dieser Hitze musst du dir jeden Meter verdienen. Zum Glück hat es oben einen Wasserhahn mit kaltem (!) Wasser. Das Wasser wird aus dem Untergrund gepumpt, deshalb bleibt es kühl.
Edith Falls ist ein weiterer, schöner Ort im Nitmiluk Nationalpark. Aber nachdem du andere Wasserfälle im NT und in WA gesehen hast, wird dieser nicht so besonders sein und könnte deshalb übersprungen werden.

In Kathrine gibt es ein Einkaufszentrum, in dem du Waren einkaufen und das kostenlose WI-FI nutzen kannst.

5.6 Mataranka

Obwohl wir uns die hübschen **Mataranka Hot Springs** anschauten, waren wir nicht dort schwimmen, weil unser Reiseleiter sagte, dass dies künstlich hergerichtete Quellen seien. Stattdessen gingen wir zu den **Bitter Springs** 3 km außerhalb der Stadt, was ein unglaublich schönes Farbspektakel ist. Gehe früh morgens dorthin, wenn die Luft noch kalt ist, da die Wassertemperatur bei 34° C liegt. Es ist ein faszinierender, blauer Bach in einem Palmenwald. Der einzige Nachteil waren die vielen großen Spinnen, die ihre Netze über dem Wasser aufgespannt hatten. Um sie nicht zu berühren, gab ich vor, ein Krokodil zu sein und hielt meinen Kopf halb im Wasser.

5.7 Daly Waters Pub

Dies ist das älteste Pub im Northern Territory und hat eine sehr coole Einrichtung. Es ist gefüllt mit Dingen, welche die Leute zurücklassen, sowie mit lustigen Schildern. Auch das Essen und die Getränke waren billiger als in Darwin. Ein guter Ort für eine Mittagspause.

5.8 Devil's Marbels

Die Murmeln sind Granitfelsen, die im Laufe der Jahre zu runden und ovalen Felsbrocken geformt wurden. Dies ist definitiv ein Ort, um aus dem Auto zu steigen und spazieren zu gehen. Viel Spaß beim Fotografieren zwischen diesen riesigen Ostereiern!

5.9 Wycliffe Well

Ein weiterer Halt entlang dieser langen Strecke in Richtung Alice Springs, für den es sich lohnt, aus dem Auto zu steigen. Wycliffe Well war einer der lustigsten Orte, an denen ich je war. Sie nennen es die UFO-Hauptstadt von Australien und alles ist in einem Alien-Thema.
Ab jetzt ist es nicht weit nach Alice Springs und auf dem Weg dorthin überquerst du den Wendekreis des Steinbocks. Nicht jeder kann von sich behaupten, dies in seinem Leben auf dem Landweg getan zu haben.

5.10 Alice Springs

Alice Springs, ich konnte es nicht glauben, dass ich es tatsächlich hierhergeschafft habe. Ins rote Zentrum von Australien. Es war eine lange, aber aufregende und erstaunliche Reise (und ich würde es wieder tun).

Royal Flying Doctor Service

In Alice Springs kannst du bequem durch die Stadt laufen und den berühmten Royal Flying Doctor Service besuchen, der im Outback arbeitet.

Botanischer Garten

Hier findest du hauptsächlich Büsche und trockene, staubige oder steinige Böden, aber auch bunte Papageien und Schmetterlinge.

Geschäfte und Restaurants

Du findest eine große Auswahl an Geschäften (K-Mart, Coles, Woolworth) und Restaurants (Thai, Burger, Fisch und Chips, ...). Die kulturell Interessierten können mehrere Kunstgalerien der Aborigines finden.

Sonnenuntergang vom ANZAC-Hügel

Noch einmal könntest du eine Kameltour bei Sonnenuntergang machen. Man sieht Uluru jedoch nicht von hier und daher ist es besser, den ANZAC-Hügel zu besteigen. Es dauert nur 3 Minuten zu Fuß, um auf den Hügel zu kommen, wenn du den steilen Pfad nimmst. Oben kannst du einen atemberaubenden Sonnenuntergang mit einem beeindruckenden Blick über Alice Springs, die flache Wüste davor und die Berge dahinter, genießen.

5.11 MacDonnell-Ranges

Die MacDonnell Ranges sind Felshügel, die eine lange Kette bilden. Die Schluchten mit grünen Flüssen sind landschaftlich reizvoll, wenn du jedoch bereits andere Outback-Schluchten gesehen hast (zum Beispiel Katherine oder Karijini), kann diese übersprungen werden.

5.12 Ayers Rock (Uluru)

Wenn du nach Alice Springs fliegst, denkst du, dass du Australiens berühmtesten roten Felsen erreicht hast. Du

liegst falsch. Du musst weitere 500 km fahren, bis du den ersten Blick auf Uluru erhaschen kannst. Aber wie man so sagt, der Weg ist das Ziel und das rote Zentrum ist es wert. Auf dem Weg zum Uluru kann man bereits einen großen, flachen Berg sehen, der oft mit Uluru verwechselt wird. Deshalb nennen ihn die Reiseleiter Fooloru :) Du wirst zum Glück diesen Fehler jetzt nicht machen.
Dennoch sieht dieser Table Mountain und dann auch Uluru in der ansonsten flachen Landschaft ziemlich cool aus.
Plane mindestens eine Stunde ein, um dich im Uluru Besucherzentrum umzusehen, da es ziemlich informativ ist. Es gibt einen großartigen Film über die hier lebenden Aborigines und eine Menge Kunst und Informationen. Was du als Nächstes tun solltest, ist der Spaziergang um Uluru herum, der am steilen, roten Felsen entlanggeht. Du könntest auch einen Führer engagieren, der dir Geschichten von den Aborigines erzählt. Es ist nur schade, dass ein Metallzaun auf den Gipfel führt, wo man an bestimmten Tagen hoch klettern kann. Denke gründlich über diese Klettertour nach. Uluru ist eine heilige Stätte für die Aborigines und es gibt genug andere hohe Plattformen, die man in Australien erklimmen kann. Uluru muss keine von ihnen sein. Bald könnte es sogar verboten sein, auf den Ayers Rock zu klettern und die "Narbe" von Uluru würde endlich beseitigt werden. Es gab sogar ein "Ich bin nicht auf Uluru geklettert" Gästebuch, was ich ziemlich lustig fand.

Natürlich musst du den Sonnenuntergang mit der untergehenden Sonne hinter Uluru und die ganze Landschaft, die in Orange getaucht wird, anschauen.

Tipp: Bringe zu jeder Jahreszeit eine warme Jacke für deine Reise ins Rote Zentrum mit. Obwohl die Sonne den ganzen Tag schien, dauerte es ewig, bis sich die Umgebung aufwärmte und am Abend kühlte es schnell wieder ab. Ich war froh, dass ich meine Daunenjacke dabeihatte.

Übrigens, um **Uluru-Kata-Tjuta Nationalpark** zu besichtigen, brauchst du einen Park Pass. Du kannst ihn online für $25 pro Person kaufen (https://book.parksaustralia.gov.au/passes/uluru/).

5.13 Kata Tjuta (die Olgas)

Kata Tjuta bedeutet "viele Köpfe". All diese Berge sehen großartig aus der Ferne aus, aber bieten auch von der Nähe, tolle Wandermöglichkeiten. Die Felsen sind faszinierend und du kannst zwischen folgenden Wanderungen auswählen.

- Karu-Lookout: Auf dieser Strecke muss man einige lose Steine bewältigen. Achte auf deinen Schritt und trage gutes Schuhwerk. Die Aussicht ist atemberaubend und die Mühe wert. 2,2 km hin und zurück, 1 Stunde. Trinkwasser gibt es am Anfang der Strecke.
- Karingana-Lookout: Dieser Weg führt dich ins Tal und zu den Bachbetten. Es ist anspruchsvoll

in Abschnitten mit vielen Stufen und einigen steilen Abhängen, aber auch sehr angenehm. 5,4 km hin und zurück, 2,5 Stunden.

- Rundweg: Der Rest des **Valley of the Winds** Weges führt dich weit weg von allem und jedem und in das Herz dieses Landes. Dies ist ein schöner und angenehmer Spaziergang und ich würde empfehlen, diesen zu nehmen. 7,4 km Rundkurs, 4 Std. Kommerzielle Fotografie ist nicht erlaubt. Wasser ist auf halber Strecke verfügbar.

5.14 Kings Canyon

Dies ist ein weiterer schöner Ort, um einen atemberaubenden Blick über das australische Outback zu genießen. Im Kings Canyon ist das Highlight der **Kings Canyon Rim Walk**. Am angenehmsten sind die Temperaturen im Winter zwischen Mai und September. Im australischen Sommer kann es sehr heiß werden (38-42 Grad Celsius). Wenn du die Wanderung also im Sommer machst, fange früh am Morgen an, damit du vor 10 Uhr wieder unten sein kannst. Ranger müssen oft Leute retten, die während der Sommermonate zu erschöpft sind. Eine weitere Gefahr im Kings Canyon ist, dass Menschen sterben, weil sie beim Selfies machen über die Klippe fallen. Leider passierte das am Tag, bevor ich dort war und so war die Hälfte der Wanderung geschlossen. Die gesamte Strecke ist etwa sechs Kilometer lang und dauert drei bis vier Stunden. Bis zur Schlucht sind es ungefähr tausend Treppenstufen. Nimm dir Zeit und genieße die Aussicht. Du kannst den gegenüberliegenden Teil des Canyons und die Ebene um ihn herum genießen. Wenn du dich erfrischen willst, kannst du im **Garden of Eden Billabong** baden.

5.15 Kamelfarm in Yulara

Yulara ist der beste Ort für einen Sonnenuntergang Kamelritt im Outback, bei welchem man gleichzeitig Uluru sieht. (www.ulurucameltours.com.au/)

6 Quer durch den Süden: Nullarbor Plain

Norseman ist die letzte Stadt vor dem langen **Eyre Hyw** und besteht aus zwei Tankstellen, einem Informationszentrum und vielleicht acht Häusern. Ich würde empfehlen, dass du hier alle Vorräte kaufst, die du benötigst, um während den nächsten drei Tagen die Nullarbor-Ebene zu überqueren, bevor du wieder eine größere Stadt erreichst.
Entlang Eyre Hyw findet man jedoch alle 180 km eine Raststätte und muss wenigstens nicht hungern. Benzin ist an diesen Stationen auch verfügbar, aber es war der teuerste Treibstoff, den ich in Australien bezahlen musste. Eyre Hyw ist ziemlich stark befahren und man muss sich nicht fürchten, stehen zu bleiben und nicht gerettet zu werden, falls das Auto kaputtgeht. Die größere Gefahr ist, dass du am Steuer einschläfst, weil es die längste gerade Straße in Australien ist (1100 km). Deshalb ist es wichtig, dass du genug Pausen am Straßenrand machst und gute Musik zum Mitsingen mitbringst.
Ich hatte einige der besten Sonnenuntergänge während der Fahrt durch das Nullarbor Plain. Der Himmel war golden, rot und pink und dies bis zum Horizont über endlose Felder und Bäume.
Du kannst die Nächte auf einer Raststätte verbringen oder einfach auf einem Rastplatz zelten.

Tipp: Mache Pause auf einem Rastplatz, der etwas weiter vom Highway entfernt liegt, damit du in der Nacht nicht von den Road Trains gestört wirst.

Eucla ist ein schöner Ort, um anzuhalten. Sie haben sogar einen Pool und das Benzin war auch ein bisschen billiger. Irgendwo, kündigte ein Schild an, dass man die Zeit 45 Minuten (?!) vorstellen und später nochmals eine komische Zeiteinheit vorstellen muss. Dies war beim Eindunkeln dann ein wenig verwirrend. Es blieb länger hell, aber am nächsten Morgen wurde es auch erst später Morgen.

Bevor ich darüber nachdenken konnte, erreichte ich Ceduna und somit die Zivilisation (die Tankstelle im Ort vor Ceduna war sogar ein bisschen billiger als die in Ceduna).

Ich habe viele Leute gesehen, die diese Straße alleine gefahren sind und ich denke, es ist eine gute Erfahrung, für ein paar Tage mit deinen Gedanken allein zu sein.

Kurz vor Ceduna gibt es einen **Food-Checkpoint**. Es ist nicht erlaubt, Obst oder Gemüse zu importieren und

wenn sie dich aufhalten, nehmen sie Tomaten, Äpfel usw. weg, die du noch bei dir hast.
Zumindest konnte ich mich danach mit einem Dutzend Austern in der Oyster Bar in Ceduna ($8,50) belohnen, nachdem ich alle meine Snacks verloren hatte.

6.1 Adelaide

Adelaide ist die Hauptstadt von South Australia und das Tor zu einigen bekannten Weinregionen. Lies weiter, um herauszufinden, was du sonst noch in und um Adelaide sehen oder tun musst.

6.1.1 Wie komme ich vom Flughafen zum CBD?

- Mit dem Taxi: Es dauert etwa 15 Minuten und kostet zwischen $25 und $32

- Mit Airport City Shuttle: Dies ist ein Service von Tür zu Tür, der 10 USD pro Person kostet

- Mit Doppeldecker-U-Bahn: Es dauert etwa 18 Minuten und kostet $3.50 - $5

6.1.2 Was kann man in Adelaide unternehmen?

Botanischer Garten

Dieser botanische Garten ist sehr schön. Kein Wunder, dass ungefähr fünf Hochzeitsgesellschaften unterwegs waren, um Fotos zu machen oder einen Aperitif zu essen. Beachte, dass der Seerosenpavillon und die Regenwaldhalle um 16.00 Uhr schließen.
Wie auch immer, dieser Park ist ein schöner Ort, um spazieren zu gehen oder ein Buch zu lesen.

Glenelg Strand

Du kannst die Straßenbahn in diese hübsche kleine Stadt am Meer nehmen. Es ist ein schöner Ort, um spazieren oder schwimmen zu gehen und es gibt viele Möglichkeiten, Mittag- oder Abendessen zu finden.

Ein Museum besuchen

Wie in anderen australischen Städten sind die meisten Museen in Adelaide kostenlos. Ich ging zum Migrationsmuseum, das sehr interessant war, jedoch an einem so schönen Tag, der besser draußen verbracht werden sollte, zu viele Schilder zu lesen waren.

Ich liebte das **National Museum of SA**. Dort findest du Kunst der Aborigines, alle Arten von ausgestopften Tieren und alte Jagdausrüstungen.

Port Adelaide

Am roten Leuchtturm im Hafen befindet sich der berühmte Sonntagsmarkt. Dies ist ein **Flohmarkt** mit vielen Dingen, für die man als Tourist keinen Platz hat, aber vielleicht als Work and Traveler. Eine weitere Option ist eine **Delphin Cruise.** Du wirst auf einem Boot den Fluss hinauf zum Anfang des Ozeans gefahren und dann wieder zurück. Das Ganze dauert 1,5 Stunden. Es kostet nur $8 pro Erwachsener und wir waren ein wenig skeptisch, wie etwas in Australien so günstig sein könnte. Wie ich es mir gedacht hatte, sahen wir dann keine Delfine (wahrscheinlich ist die Chance dafür sehr gering), aber es war immer noch eine entspannende Fahrt, auf welcher wir die anderen Schiffe und die Vögel beobachten konnten.

Mach eine Weindegustation

Du wirst wahrscheinlich die folgenden Namen als Weinregionen erkennen, weil sie auf der ganzen Welt berühmt sind. Mache eine Selbstfahrer-Tour zu einigen Weingütern oder nimm an einer geführten Tour von Adelaide aus teil. **Barossa Valley** ist vor allem für seine Shiraz-Trauben bekannt. In **McLaren Vale** findest du leckere, trockene Rotweine. In den **Adelaide Hills** findest du eine ehemalige deutsche Siedlung und somit neben Wein auch Bier. Außerdem gibt es zwei Wildparks, in denen man Koalas kuscheln kann. **Clare Valley** bietet dir noch mehr Weine, historische Gebäude und ein großes Labyrinth im Freien.

7 Was man in Victoria alles sehen oder tun muss

Victoria ist ein Staat in der südöstlichen Ecke von Australien und ist Heimat meiner Lieblingsstadt in Australien; Melbourne. Es ist der am dicht besiedelte Staat und hat wie die anderen Ecken Australiens seine eigenen Schätze zu bieten.

7.1 Great Ocean Road

Bevor wir die Great Ocean Road beginnen, werde ich über einige Orte in der Nähe des West Ends der Great Ocean Road sprechen, die sich ebenfalls sehen lassen können.

7.1.1 Portland

Es gibt einen schönen Leuchtturm, zu dem man kostenlos gehen kann und einen wunderschönen Blick auf den Ozean hat. Das Tolle bei unserem Besuch war, dass im Wasser unter uns Delphine und Robben spielten.

7.1.2 Mt. Eccles

Die berühmteste Berggruppe in dieser Region sind die Grampians. In **Grampians NP** kannst du wandern, schöne Aussichten und die **MacKenzie Falls** genießen. Aber kurz vor unserem Besuch gab es ein großes Buschfeuer und daher empfahlen uns die Einheimischen, stattdessen zum Mt. Eccles zu fahren. Dies ist ein toter

Vulkankrater, gefüllt mit einem See. Klingt aufregend, oder? Das dachten wir auch und fuhren dorthin, um es zu überprüfen und wurden nicht enttäuscht. Schon beim Einfahren auf den Parkplatz sahen wir ein paar Kängurus, die herumhüpften. Wir gingen bis zum Kraterrand von wo wir einen atemberaubenden Ausblick hatten! Dann starteten wir eine zweistündige Rundwanderung, vorbei an einer kühlen Höhle namens "Natural Bridge" und einem Känguru-Skelett entlang des "Lava Canal". Wir haben zudem viel Buschland und Vögel gesehen. Fünf Minuten vom Parkplatz am anderen Ende der Wanderung erreichten wir eine weitere, riesige Höhle. Bring gute Taschenlampen mit. Sonst wirst du nichts sehen...

7.1.3 Warrnambool

In der Nähe befindet sich der offizielle Start / das Ende der Great Ocean Road. Falls du Geschichte magst, solltest du hier anhalten, denn hinter dem Besucherzentrum befindet sich ein wieder aufgebautes, historisches Dorf. Wir fanden es allerdings zu teuer.

Schon der erste Aussichtspunkt entlang der Great Ocean Road gab den Blick frei über beeindruckende Felspfeiler im wunderschönen Ozean. Wir hielten an jedem Aussichtspunkt an und fanden wunderschöne Buchten mit intensiv blauem und grünem Wasser. Gegen Abend erreichten wir Port Campbell mit kostenlosem Wi-Fi im Besucherzentrum.

7.1.4 Zwölf Apostel

Der nächste Tag begann mit dem Highlight von der Great Ocean Road; die Zwölf Apostel. Der Parkplatz befindet sich auf der gegenüberliegenden Straßenseite und dann nimmst du eine unterirdische Passage, um zur Aussichtsplattform zu gelangen. Die Aussicht war großartig, aber meiner Meinung nach sahen einige andere Felsen entlang der Küste genauso beeindruckend aus. Es sind wahrscheinlich nur all die Touristen, die sie so berühmt machen.

7.1.5 Gibson Steps

Dies ist definitiv ein Muss, um deine Beine zu vertreten und die Landschaft in Ehrfurcht zu betrachten. Wandere runter zum Strand und laufe den Sand entlang. Von hier aus sehen die Kalksteinfelsen noch massiver aus als von oben!

Danach treffen wir in allen Buchten auf Surfer, obwohl es normalerweise ein "nicht Schwimmen, weil es gefährlich ist" -Schild hat...

7.1.6 Cape Otway Leuchtturm

Auf der Fahrt zum Cape Otway Lighthouse sahen wir all diese Leute, welche aus ihren Autos ausgestiegen sind und die Bäume hochstarrten. Bald stellten wir fest, dass die Bäume mit Koalas gefüllt waren, die in den Ästen hingen. So viele Koalas in freier Wildbahn, wie cool!!! Wenn du allerdings ein knappes Budget hast, lohnt es sich nicht, bis zum Leuchtturm zu fahren. Es kostet $17, um in die Nähe zu kommen und Fotos zu machen.

Andererseits lohnt es sich für mindestens einen der Wasserfälle auf dem Weg zu stoppen.
Die 15 Minuten zu Fuß zu den **Sheoak Falls** in Lorne waren wunderschön und abenteuerlich und der Fall mit seinem schwarzen Wasser erstaunlich!

Ein wenig die Straße runter, findet man einen weiteren Leuchtturm, zu dem man hinaufgehen kann. Damit hatten wir das Ende (oder den Start) der Great Ocean Road erreicht, denn es hatte ein großes Tor mit einem Schild, welches dies verkündete. Diese und die Gibb River Road sind wahrscheinlich die zwei aufregendsten Roadtrips, die du in Australien machen kannst.

7.2 Melbourne

Melbourne oder Sydney, das ist die Frage. Wenn du Leute über ihre Lieblingsstadt in Australien interviewst, ist es entweder Sydney oder Melbourne. Wenn du einen Europäer fragst, ist es höchstwahrscheinlich Melbourne. Vielleicht, weil es eine europäische Atmosphäre hat oder einfach, weil alles in Melbourne großartig ist... Es hat alles von schöner Architektur, leckeren und süßen Cafés, historischen Straßenbahnen und vielem mehr.

Ich erreichte Melbourne nach zwei Monaten Roadtrip in Western Australia und danach quer durch den Süden. Es war die erste große Stadt, die ich seit langem gesehen hatte und beeindruckend, über die Hafenbrücke zu fahren und die riesigen Kreuzfahrtschiffe zu sehen. Die Herberge, in der wir landeten, war ein Highlight, denn sie hatte kostenloses Frühstück, kostenlose Pasta, Reis und kostenlose Schließfächer. Das alles für $24 pro Nacht. Die Einrichtungen waren sauber und die Leute freundlich, dass sogar in dieser großen Herberge ein gemütliches Gefühl aufkam. Ich kann das Urban Central Hostel nur empfehlen.

7.2.1 Wie man vom Flughafen ins Stadtzentrum kommt

- Taxi: Ein Taxi zum CBD kostet ca. $55 bis $65 für bis zu vier Personen und dauert etwa 20 Minuten.
- SkyBus: Dieser Bus fährt alle 10 Minuten rund um die Uhr und bringt dich in 20 Minuten zum Southern Cross Bahnhof im CBD. Ein Weg ist $18.
- Öffentlicher Bus und Straßenbahn: Dies ist der günstigste Weg vom Flughafen zum CBD. Erwerbe eine Myki-Karte am Skybus-Terminal, bevor du von der Plattform vom Terminal 1 losfährst. Nimm den Bus Nr. 901, steige an der Station Broadmeadows aus und wechsle dann auf einen Zug / eine Straßenbahn zu dem Ziel, an welches du gelangen willst.

7.2.2 Was man in Melbourne sehen und unternehmen sollte

Mach die Free Walking Tour

Wieder einmal hatte ich eine sehr positive Erfahrung auf dem kostenlosen Stadtrundgang. Die Guides sind lustig und haben tolle Geschichten zu erzählen. Die Tour beginnt jeden Tag um 10.30 Uhr und 14.10 Uhr bei der Statue von Sir Redmond Barry vor der State Library of Victoria.

Besuche die Bibliothek

Wenn wir schon von der Bibliothek sprechen. Der Eintritt in die Staatsbibliothek ist kostenlos und ich war sehr beeindruckt von diesem Gebäude, das ich auf die Liste der wichtigsten Gebäude Australiens gesetzt habe. Falls du meine Fantasy-Serie Heart of Power gelesen hast, wirst du vielleicht erkennen, dass The Library davon inspiriert wurde.

Staune über die Architektur

Mache einen Spaziergang in der Stadt und bewundere die erstaunliche Architektur. Es gibt keine Straße ohne ein besonderes Haus oder Brücke. Dann hat es enge Gassen, deren Wände mit Graffitis gefüllt sind oder sonstige Straßenkunst zieren. Daher denke ich, dass man Melbourne am besten zu Fuß oder mit dem Fahrrad erkundet, denn nur so kann man die interessanten Dinge in den kleinen Gassen finden.

Nimm das Circle Tram

Wenn du keine Lust mehr hast zu Fuß zu gehen, steigst du in die kostenlose, altmodische Stadtbahn, die durch das Stadtzentrum fährt (an alle meine Schweizer Leser, wusstet ihr, dass "das Tram" korrekt "die Tram" heißt? Aufgrund von DIE Straßenbahn. Hört sich so falsch an.) Ein Tonband informiert dich über alle touristischen Sehenswürdigkeiten. Daher ist es eine gute Idee, die Tram an deinem ersten Tag in Melbourne zu nehmen, damit du einen guten Überblick über die Stadt bekommst.

Gehe in ein Museum

Falls es regnet, besuche die Museen! Ich war überrascht, dass die Schweizer Künstlerin Pipilotti Rist hier so beliebt ist. Sowohl die Art Gallery (cooler Brunnen entlang des Gebäudes) als auch das Museum of Contemporary Art (toller, billiger Kaffeewagen am Eingang) waren kostenlos. Auch wenn du dich normalerweise nicht für Kunst interessierst, kannst du es hier ja einfach mal versuchen :)
Wenn du Filme magst, ist das ACMI Filmmuseum ein Muss. Sie haben eine bezahlte Ausstellung, die sich von Zeit zu Zeit ändert und es gibt eine permanente Ausstellung, die kostenlos ist (und so viel Spaß macht!). Wenn du zu der kostenlosen Ausstellung möchtest, gehe einfach an der Warteschlange vorbei und direkt zum kostenlosen Teil des Museums. Das war eine meiner Lieblingsausstellungen überhaupt! Ich ging zweimal hin, damit ich nicht müde wurde, die Dinge anzuschauen, zu lesen, zu hören und damit zu interagieren. Es gab alte Projektoren, die die Geschichte von Filmen, Schauspielern, Produktionen, Spezialeffekten und noch viel mehr erklärten. Es hatte sogar einen Bereich mit alten Videospielen (dort konnte man alle Väter und Söhne finden:)). Absolut einen Besuch wert! Das Museum befindet sich auf dem Federation Square, was an sich ein schöner Ort ist.

Esse köstliche Mahlzeiten

Die Restaurants in Melbourne sind erstklassig. Während übliche Mahlzeiten normale australische Preise haben, fand ich ein echtes Juwel in der **Causeway Lane** vor der Burke Street. Es heißt **Sushi Monger** und mittags ist es immer rappelvoll. Kein Wunder, das Sushi war eines der besten, die ich je hatte und sie haben ein tolles Mittagsangebot (2 Rolls und eine Miso Suppe für 5 Dollar). Du musst möglicherweise 15 Minuten warten, bis du bestellen kannst.

Geh am Victoria Markt einkaufen

Ich liebte den berühmten Victoria Market. Ich habe dort günstiges Gemüse und die billigsten Souvenirs gefunden, falls du Platz in deinem Gepäck hast.

Trink einen Kaffee

In Melbourne hatte ich jeden Tag mindestens einen Kaffee an einem anderen Ort, obwohl ich normalerweise keine Kaffeetrinkerin bin. Es gibt viele nette Cafés, die günstig sind ($3,50 bis $5,50 für einen Mokka oder Eiskaffee) und leckere und wunderschön zubereitete Kaffees anbieten. Daher wäre es fast eine Schande, zu Starbucks zu gehen. Ich glaube, Melbourne und Sydney sind die einzigen Städte mit einem Starbucks in Australien und 2014 eröffneten sie den erste H&M von Australien in Melbourne. Ein Kontinent ohne H&M, ich wusste nicht, dass es das noch gab.
Degraves Ln und Center Place waren die zentralsten Orte für Kaffee, aber ich mochte die niedlichen Orte entlang South Wharf und mein Favorit war **Phamish** in St. Kilda.

Fahr mit einem blauen Fahrrad

Wenn du nicht zu viel Zeit verlieren willst, miete ein blaues Fahrrad. Es ist nur $2.80 pro Tag oder $8 pro Woche. Du zahlst mit Kreditkarte. Ich fand die Fahrräder perfekt für die Fahrt von und nach St. Kilda (entlang des Sees im **Albert Park**) oder entlang des Wassers in den **Docklands** oder zu anderen Vororten in Melbourne. Im CBD zog ich es vor, zu Fuß zu gehen, weil es auf und ab ging und es zu viele Menschen und Autos hatte.

Geh ins Kino

Falls du meinen Blog liest, weißt du, dass ich gerne in verschiedenen Ländern ins Kino gehe. Am Montag bietet Carlton Cinema Nova in Melbourne einen 10-Dollar-Deal an.

7.3 St. Kilda

St. Kilda ist die nächstgelegene Stadt zu Melbourne mit einer schönen Strandpromenade. Es ist ein entspannter Naherholungsort und am Abend kann man beim Steg Pinguine beobachten.

Wie kommt man nach St. Kilda?

Nimm ein blaues Fahrrad vom Melbourne CBD und fahre dem Lakeside Drive entlang Albert Park. Die Fahrt führt unter Palmen durch entlang dem See, mit Blick auf die Wolkenkratzer von Melbourne. In 20 Minuten erreichst du St. Kilda. Oder nimm die Straßenbahn 16, 96, 12 oder 3, aber die brauchen länger als du mit einem Fahrrad.

Was man in St. Kilda tun kann

Genieße eine Tasse Kaffee oder eine köstliche Mahlzeit in einem Restaurant am Wasser. Die Auswahl an niedlichen Cafés, Bars, leckeren Konditoreien oder Restaurants ist endlos.
Es gibt einen kleinen Luna Park, der jüngeren Kindern gefallen wird. Die tollste Sehenswürdigkeit in St. Kilda sind jedoch die kleinen Pinguine, die nach Sonnenuntergang auf die Felsen hinter dem Pier klettern. Dies geschieht jeden Abend und im Gegensatz zu Philipps Island ist es kostenlos zu beobachten. Gehe einfach 10 Minuten nach Sonnenuntergang in den Felsbereich hinter dem Steg. Die kleinen Pinguine werden ungefähr 20 Minuten nach Sonnenuntergang

erscheinen. Sie kamen manchmal bis zu einem halben Meter nah an die Menschen, was wirklich cool war!

7.4 Philipps Island

Philipps Island ist berühmt für die Pinguin Parade. Ich fand es jedoch zu überteuert und touristisch. Das Erlebnis in St. Kilda war viel angenehmer. Allerdings ist Philipps Island entlang der Küstenstraße, wenn du von Melbourne nach Sydney fährst und so ging ich mir die Pinguin Parade da doch einmal anschauen. Entscheide nach meinem Bericht selbst, ob es sich lohnt dorthin zu gehen.

Auf einem Schild stand etwas von mehreren tausend Menschen (!), die jeden Abend kamen, um den Pinguinen zuzusehen. Wir warteten in einer der Warteschlangen, zahlten die $26 und fuhren dann zum Besucherzentrum, wo man teure Lebensmittel und Souvenirs kaufen konnte. Überall waren Angestellte, die uns daran erinnerten, dass wir unsere Kameras und Handys wegpacken mussten, da wir keine Bilder mehr machen durften (danke an die Leute, die die No-Flash-Regel über die Jahre hinweg missachtet haben!).

Wir sahen ein paar Pinguine auf dem Weg hinunter zum Strand, was süß war. Am Strand sitzt man in einer Art riesigem Amphitheater, von welchem man auf den Ozean blickt und darauf wartet, dass die Sonne untergeht. Es gibt kleine Lampen und ihr Licht reflektiert die Bäuche der Pinguine, die in großen Gruppen aus dem Wasser kommen und dann auf eine lustige Weise über den Sand rennen. Aber sie sind wirklich zu weit weg, um sie zu sehen. Es sind hauptsächlich die weißen Bäuche sichtbar. Wenn du also nach Phillipps Island gehst, solltest du ein Fernglas mitbringen. Aber die Anzahl der Pinguine ist beeindruckend! Als wir etwa 45 Minuten später zum Eingang zurückgingen, konnte man die Pinguine besser sehen, da sie sich entlang des gesamten Weges aufhielten (sobald man sich an all den anderen Besuchern vorbei drängen kann, die sie auch ansehen). Alles in allem waren die Pinguine in St. Kilda eine bessere Erfahrung, obwohl es nicht so viele hatte. Vielleicht war Philipp Island früher besser, als es nicht so berühmt war.

Tipp: In der Nähe der Pinguin Parade gibt es eine Schokoladenfabrik, wo du kostenlose Proben und eine köstliche Eisschokolade trinken kannst.

7.5 Wilson's Promotory

Dies ist ein wunderschöner Nationalpark mit dem südlichsten Punkt vom australischen Festland. Wenn du Zeit hast und das Wetter schön ist, ist es ein großartiger Ort, um ein paar Wanderungen zu machen und "The Prom" für mehrere Tage zu erkunden.

Bevor du den Park betrittst, mache Halt in **Coral Creek**, um die niedliche "Museumsstadt" anzuschauen. Es wurden alte Häuser wiederaufgebaut, wie es zu Zeiten des Bergbaus war und der Eintritt ist kostenlos!

In Wilson's Promotory NP findest du den schönen und lustigen **Squeaky Beach**. Aus dem Sand wachsen große, bunte und runde Steine und bei jedem Schritt quietscht der Sand unter deinen Füßen. Auch die anderen Strände und Berge sehen wirklich gut aus. Von dem riesigen Campingplatz am südlichen Ende kannst du bis zum südlichsten Punkt von Australien wandern. Darüber hinaus gibt es über 30 selbstgeführte Wanderwege, von leichten Spaziergängen bis hin zu schwierigeren, mehrtägigen Wanderungen.

7.6 Canberra

Dies ist nicht mehr in Victoria, sondern erhielt ein eigenes Territorium, das Australian Capital Territory (ACT) genannt wird. Die Geschichte besagt, dass Sydney und Melbourne sich lange gestritten haben, welche Stadt es verdient, die Hauptstadt zu sein. Schließlich wählten sie einfach die Stadt in der Mitte von beiden, um es fair zu machen. Obwohl es damals in dieser Stadt noch nichts hatte. Dieser Ort wuchs dann in das Canberra, wie wir es heute kennen. Der große Platz mit dem **Australian War Memorial** ist beeindruckend. Zudem ist es ein wirklich gutes Museum mit interessanten Ausstellungen und einen Stopp wert. Wie bei vielen australischen Museen ist der Eintritt wieder kostenlos, woohoo.

8 Entdecke New South Wales

Dieses Gebiet zeichnet sich aus durch Strände für Surfer, die bekannte Stadt Sydney und einige Outback-Nationalparks wie die Blue Mountains.

8.1 Blue Mountains

Die bekannteste Sehenswürdigkeit in den Blue Mountains sind die **Three Sisters**. Diese drei Felsensäulen befinden sich am Echo Point. Wahrscheinlich wird dieser Parkplatz jedoch überfüllt sein. Dann kannst du bei **Scenic World** kostenlos parken. Die Aussicht war atemberaubend, ich konnte nicht aufhören wow zu sagen!!!
Wenn du die atemberaubende Landschaft genug betrachtet hast, könnte es Zeit sein für etwas Bewegung. Mache die Wanderung am **Giant Stairway** und spaziere dann nach Leura, um auf den Cliff Walk

zurückzukehren. Dies ist eine ungefähr 3-Stündige Rundwanderung.
Mit Hunderten anderen Menschen pilgerten wir die endlosen 900 (!) Stufen des Giant Stairways hinunter. Sie waren in den Felsen gehauen und manchmal waren es auch normale Stahltreppen. Es war oft steil und die Aussicht war fantastisch.
400 m tiefer erreichten wir den Fuß der Treppe und begannen auf dem Weg nach links zu laufen, als wir plötzlich allein im Regenwald waren. Der Weg ging auf und ab, aber es war schön und ich konnte nicht glauben, dass die anderen Leute einfach die gleiche, langweilige Treppe zurückgenommen hatten. Die Natur fühlte sich dort unten wild und einsam und deshalb waren wir froh, uns als Gesellschaft zu haben. Wir erreichten dann einen hübschen Wasserfall und dort begann unser Aufstieg. Puh, auch da waren es wieder hauptsächlich Treppenstufen, aber nicht so hoch wie der Giant Stairway.
Irgendwann trafen wir den 70-jährigen Henry, der in der Nähe lebt und mindestens einmal in der Woche in den Blue Mountains spazieren geht. Er joggte quasi vor uns her, während sich meine Beine immer schwerer anfühlten. Ich war sehr froh, als wir endlich oben angekommen sind :) Henry erzählte uns, dass die Wanderung bis zum Grund der Leura Falls auch wunderbar sei und wir legten diese auf den nächsten Tag (ja, eine weitere schöne Wanderung, wenn du Zeit hast). Wir verabschiedeten uns von Henry und machten uns dann wieder auf den Cliff Walk (ein einfacher Weg). Jedes Mal, wenn es jedoch wieder bergab ging, jammerten wir, weil wir wussten, dass wir es wieder

hochgehen mussten. Unsere armen Beine! Daran waren sie nicht gewöhnt, nachdem wir so lange im Auto gesessen hatten. Aber die Aussicht ist einfach unglaublich, ich würde es sofort wieder machen!
Und die Blue Mountains sahen wirklich immer blauer aus, als die Sonne unterging. Zurück am Echo Point waren alle Touristenbusse abgereist und jetzt waren nur noch zehn Leute übrig. Privater Blick über das Tal, wie toll.
Wenn du eine Nacht in den Blue Mountains verbringst, ist Katoomba ein guter Ort. Es ist eine sehr süße Stadt, die wirklich ein Urlaubsgefühl verbreitet.

Am zweiten Tag solltest du zu den **Wentworth Falls** fahren. Je früher du ankommst, desto einfacher ist es, einen Parkplatz auf dem kostenlosen Parkplatz zu finden. Die **National Pass Wanderung** dauert etwa vier Stunden und beinhaltet wiederum eine Menge Treppen. Jedoch ist es eine gute Entscheidung, bei Wentworth Falls zu starten und dann bei Conservation Hutt zu enden. Der Spaziergang war unglaublich schön und abwechslungsreich. Tolle Wasserfälle, gefolgt von überhängenden Klippen, Regenwald und noch mehr Wasserfälle. Und diese Aussicht! Alles in allem war das sogar besser als der Spaziergang am Giant Stairway.
Im Restaurant Conservation Hutt haben wir uns mit Eiskaffee belohnt und sind dann die restlichen 15 Minuten zurück zum Auto gelaufen.

8.2 Sydney

Als wir auf dem Hafengelände herumspazierten und das Opernhaus in Sicht kam, realisierte ich bewusst, dass ich in Australien war. Ich hatte so viele Bilder von diesem Ort gesehen und nun stand er vor mir! Was für eine atemberaubende Aussicht! Sydney ist hip und modern, bietet aber auch Geschichte. Abgesehen davon findest du gute Restaurants, den herrlichen Hafen und einen berühmten Strand. Australien versucht, in Sydney seine beste Seite zu zeigen.

8.2.1 Wie man vom Flughafen ins Zentrum gelangt

- Taxi: Ein Taxi vom Flughafen zum CBD kostet ungefähr $45- $55 und dauert etwa 20 Minuten
- Zug: Airport Link bietet eine schnelle und bequeme Möglichkeit, die Stadt und die Vororte zu erreichen. Züge fahren ungefähr alle 10 Minuten und die Fahrt dauert 13 Minuten. Die Station befindet sich am nördlichen Ende des Terminals. Kaufe eine Opal-Karte von der Station. Eine Fahrt zum CBD kostet ca. $18.
- Bus: Du kannst alle Strecken und Tarife online prüfen (https://transportnsw.info/). Es dauert etwa 12 Minuten in das Stadtzentrum und kostet ca. $17.

8.2.2 Was man in Sydney tun und anschauen sollte

Mach eine Free Walking Tour

Jeden Tag um 10.30 Uhr und um 15.00 Uhr beginnt zwischen der St. Andrew's Cathedral und dem Rathaus der kostenlose Stadtrundgang. Die Führer sind lustig und erklären Geheimnisse über die Stadt, die du als normaler Tourist nicht erfahren würdest. Sie arbeiten auf Spendenbasis und am Ende gibst du einfach so viel, wie du möchtest. 3 Stunden lang siehst du dir die Sehenswürdigkeiten an, findest den Weg durch die unterirdischen Einkaufsarkaden, erfährst mehr über den kostenlosen Bus 555, der George St hoch und runterfährt, um dann rechtzeitig vor Sonnenuntergang unter der Harbour Bridge zu sein.
Jeden Tag um 18 Uhr hat es zudem ein anderer, kostenloser Rundgang, der sich besonders auf den Rocks District konzentriert. Informiere dich online (www.imfree.com.au/sydney/) über die Strecke der Touren.

Spaziergang durch den Hafen bei Tag und bei Nacht

Der Anblick des Hafens von Sydney ist wirklich spektakulär. Du kannst um die Terrasse des Opernhauses spazieren und wenn du dir keine Eintrittskarte für eine Show leisten kannst, darfst du zumindest bis zu den Toiletten in der Oper gehen. Es sind schöne Toiletten :). Neben der Oper befinden sich die botanischen Gärten, in welchen sich an sonnigen Tagen ein Spaziergang lohnt.

Am berühmten Fischmarkt in Sydney etwas essen

Auf dem Fischmarkt macht es am meisten Spaß, wenn man verschiedene Dinge kauft. Am Ende dachte ich, ich könnte nie wieder Fisch essen, ich war so satt. Und das mit einer Möwe, die eines unser Sashimi gestohlen hat! Pass auf diese Bestien auf!

Ein Museum besuchen

- **Museum für zeitgenössische Kunst**: Seine Lage ist wunderschön, direkt am Circular Quay. Der Besuch lohnt sich, auch wenn du Kunst nicht magst, denn du kannst auf die Dachterrasse gehen, von wo du einen schönen Blick auf das Opernhaus und das Wasser hast. Auch hier zeigten sie einige Stücke von Schweizer Künstlern.
- **Kunstgalerie von NSW**: Eine große Galerie und einen Besuch wert, wenn du Kunstbegeistert bist

Nimm die Fähre nach Cockatoo Island

Mit dieser Fähre hast du einen Blick vom Wasser aus auf die Oper und die Hafenbrücke. Cockatoo Island ist cool, wenn du dir ein Bild von Sträflingszeiten machen willst. Sie haben immer noch die alten Häuser und Arbeitsplätze. Fährtickets sind zwischen $3 und $9, abhängig davon, wie weit du reist.

Überquere die Harbour Bridge

Fahr mit dem Zug nach Miles Point. Dort ist ein Luna Park und der Olympische Pool. Darüber hinaus befindest du dich jetzt am anderen Ende der Harbour Brücke. Gehe die kurze Rampe hinauf und genieße die Aussicht, während du in Richtung der Stadt Sydney schlenderst.

Besuche den berühmten Bondi Beach

Dies ist wahrscheinlich Australiens berühmtester Strand. Hier surfen, sonnen, schwimmen und genießen die Anwohner ein gutes Essen. Auch die coolen **Iceberg Rock Pools** befinden sich neben dem Bondi Beach. Wenn du es satthast, nur auf dem Sand zu liegen, kannst den Spaziergang von **Bondi nach Coogee** machen. Er ist sechs Kilometer lang und bietet atemberaubende Ausblicke, Strände, Parks, Klippen, Buchten und Felsenbecken. Die Orte Tamarama, Bronte, Coogee und Maroubra bieten kostenlose, elektrische Grills.

Schau dir einen Film auf dem weltweit größten IMAX-Bildschirm an

Das IMAX mit dem größten Bildschirm der Welt befindet sich in Sydney. Du kannst die Tickets online buchen und erhältst die 3D-Brille am Eingang. Den Film auf diesem riesigen Bildschirm zu sehen, war ziemlich beeindruckend! Die Action fühlte sich unglaublich fassbar an. Die Sitzreihen sind zudem sehr steil, sodass niemand unter dir deinen Blick stört.

Schlendere durch die Geschäfte im Queen Victoria Building

Was für ein herrliches Gebäude, von außen wie von innen! Neben den Geschäften gibt es auch nette Cafés, in denen du dich wie in der High Tea Society der Stadt fühlen kannst.

8.3 Forster

Wenn du Lust auf einen kleinen Strandurlaub hast, besuche dieses Juwel am Meer. Das Wasser am Strand ist so hellblau und so klar. Es gibt einige sehr schöne Strandcampingplätze und Strandwanderungen, die du machen kannst. Definitiv ein schöner Ort, um ein paar Tage zu Entspannen.

8.4 Coffs Harbour

Coffs Harbour ist ein weiterer Ort, um einen Urlaub zu verbringen und nicht wirklich der richtige Ort für die

Abenteurer unter euch. Nachfolgend findest du einige Dinge, die du in der Nähe von Coffs Harbour tun kannst.

Besuche die Big Banana

Der Spaziergang am Strand ist wunderschön und der Strand lädt zum Schwimmen ein. Es ist möglich zu surfen oder einfach die Surfer zu beobachten. Von Diggers Beach kannst du direkt zur Big Banana gehen. Dies ist eine übergroße Banane vor einer Bananenplantage und eine berühmte Sehenswürdigkeit dieser Gegend.
Neben Big Banana befindet sich ein Lolly Laden, in dem man zuschauen kann, wie Süßigkeiten gemacht werden. Es ist magisch!! Sie schieben Zucker auf einer heißen Platte herum. Zuerst haben sie nur eine rote und eine weiße Masse zusammengefügt und dann eine weitere weiße darum gewickelt, um eine dicke Wurst zu formen. Dann legten sie eine weitere Schicht aus drei farbigen Zuckermassen darauf. Ich dachte, das würde zu einem dieser großen, flachen, runden, verdrehten Lollis werden, aber dann begannen sie, die Wurst zu ziehen, bis sie nur noch etwa einen Zentimeter lang war und dann schnitten sie sie in kleine Bonbons. Und rate was passierte? Herzlichen Glückwunsch zum Geburtstag stand in roten Buchstaben auf den kleinen Bonbons. Wie kam das da hin? So bekommen sie auch Melonen, Smileys und Himbeeren in runde Süßigkeiten. Toll! Die Buchstaben sind so klar, nachdem die Süßigkeiten von dick zu lang und dünn gezogen wurden. Und wir durften sie dann kostenlos degustieren.

Mit Delfinen Schwimmen

Bei **Marine Magic** kannst du ab $195 Sie Delfin oder Seelöwen-Begegnungen erleben. Online erfährst du mehr über mögliche Begegnungen (www.dolphinmarinemagic.com.au/dolphin-seal-experiences).

Erkunde die Sümpfe

Folge dem Pfad entlang des Baches hinter dem Delfinzentrum. Plötzlich wird es zu einer Holzbrücke, die über Feuchtgebiete führt. All dies in der Mitte von Büschen und Bäumen. Ein schöner Ort der Ruhe!

Besuche das Forest Sky Pier

Nur eine kurze Fahrt auf dem Pacific Highway von Coffs Harbour findest du **Sealy Lookout** und es erwartet dich das Forest Sky Pier. Verlasse Coffs Harbour und fahre durch Bananenplantagen, um den Aussichtspunkt zu erreichen - er ist tagsüber für Fahrzeuge kostenlos zugänglich.
Das Forest Sky Pier bietet einen herrlichen Blick über die Stadt und die Küste von Coffs Harbour. Die Wanderrouten durch den Regenwald, von ein bis drei Stunden, lohnen sich ebenfalls.

8.5 Lerne zu Surfen

Australiens Wellen laden Surfer aus aller Welt ein. Wenn du bereits surfen kannst, wirst du viele Wellen entlang der Ostküste finden. Wenn du Anfänger bist, möchtest du vielleicht ein paar Surflektionen nehmen. Eines meiner besten Surfcamps war das Mojo Surfcamp am Spot X. Sie haben gute Lehrer und werden den hungrigen Surfern reichlich leckeres Essen bieten. Buche deinen Aufenthalt im Mojo Surf Camp hier: www.mojosurf.com/products/2-5-day-surf-stay-spot-x/.

8.6 Byron Bay

Byron Bay ist Australiens Party-Stadt. Wir sind um 21 Uhr dort angekommen und die Straßen waren gefüllt mit Leuten, die ausgehen. Neben Partys bietet es aber auch einen schönen Strand und einen tollen Spaziergang zu einem Leuchtturm. Dort ist man am östlichsten Punkt Australiens. Das Wasser unter der Klippe vom Leuchtturm ist sehr klar und es besteht eine große Chance, Delfine und Schildkröten zu sehen. Das Café neben dem Leuchtturm verkauft leckere Kuchen für den Fall, dass du nach dem Spaziergang hungrig bist.

Ein schöner Ort zum Ausgehen ist Woody's Surf Shack, den ich persönlich viel cooler fand als Cocomungas. Cheeky Monkeys hat eine tolle Atmosphäre und günstige Happy Hour Angebote. Der Ort, den ich am meisten mochte, war die Railway Bar. Sie hatten eine Live-Band und eine entspannte Atmosphäre.

9 Was man in Queensland sehen kann

Queensland ist der am dicht besiedelte Staat und mit Orten wie Gold Coast und Sunshine Coast ist es kein Wunder, dass viele Reisende die Reiseziele in Queensland ganz oben auf ihre Australienliste setzen.

9.1 Surfers Paradise

Surfer's Paradise ist sehr touristisch, aber mir hat es gefallen. Es gibt viele Restaurants und Cafés. Die Leute nennen dies das Miami von Australien. Ja, es ist ähnlich, aber ich würde sagen, der Strand hier ist viel schöner. Und es gibt eine schöne Promenade, die sich für mindestens 10 km entlang des Strandes erstreckt.

Was man in Surfer's Paradise tun sollte

Abgesehen davon, irgendetwas am Strand zu tun, kannst du:

Billig essen

Einige Restaurants haben spezielle Angebote. Zum Beispiel kannst du am Montagabend im Waxy's Irish Pub für $3 Steak haben. Jede weitere Beilage, die du auf den Teller legst, kostet noch zwei Dollar. Es war ein gutes Steak und sie haben eine schöne Dachterrasse. Darüber hinaus solltest du im Beach Café eine wunderbare, heiße Schokolade genießen. Sie verwenden geschmolzene, belgische Schokolade und es war so gut wie die heiße Schokolade in der Schweiz.

Besuche mehrere Vergnügungsparks

Ich hatte einen dreitägigen Park Pass für **Movieworld, Wet n 'Wild und Sea World**. Ich liebe Achterbahnen und so war Movieworld mein erstes Ziel. Leider kann man es nicht mit den Universal Studios vergleichen. Keine der Shows schien interessant und die Fahrten waren eher für Kinder. Da der Superman Coaster wegen Wartungsarbeiten geschlossen war, gab es nur noch drei Achterbahnen. Sie waren lustig und ich musste nie mehr als 15 Minuten warten, aber ich war definitiv begeisterter von anderen Fahrten in anderen Parks. Vielleicht wäre **Dreamworld** besser gewesen. Immerhin haben sie neun Nervenkitzelbahnen.
Wet n 'Wild (offensichtlich ein Wasserpark) ist der größte in Australien und jeder hat davon geschwärmt. Leider war die Hälfte des Parks geschlossen, als ich dort war. Ich fühlte mich, als wäre ich im falschen Film. Vielleicht war April nicht der richtige Monat, um diesen Themenpark zu besuchen.

Auf der anderen Seite wurde ich von Sea World sehr positiv überrascht. Sie haben schöne und große Lagunen für ihre Delfine und die Show war beeindruckend und informativ. Die Seelöwenshow war sehr lustig und die Jet Ski Stunt Show ist unglaublich! Außerdem haben sie ziemlich coole Achterbahnen, aber natürlich war die mit den Loopings geschlossen. Aber der Jet Ski Coaster war sehr cool! Darüber hinaus war Shark Bay mit der Unterwasser Aussicht unglaublich! Ich habe noch nie einen so großen Hai aus nächster Nähe gesehen und die anderen Fische und Korallen waren schön bunt! Dieser Bereich alleine ist schon eine Reise in Sea World wert.

9.2 Brisbane

Du wirst erkennen, dass Brisbane eine sehr entwickelte Stadt ist, sobald du am echten Bus-Terminal mit einem Food-Court und dem Bahnhof im Erdgeschoss aussteigst.
Außerdem gehört Brisbane zu den Städten, die in der Dunkelheit besonders schön aussehen, vor allem entlang des Flusses. Du kannst schöne Spaziergänge am Tag und in der Nacht machen.

9.2.1 Wie komme ich vom Flughafen zum CBD?

- Mit dem Taxi: Passagiere können mit $45 - $55 rechnen. Dies ist eine etwa 20-minütige Fahrt außerhalb der Spitzenzeiten
- Mit dem Airtrain: Ein Ticket in die Innenstadt kostet ca. $23. Die Reise wird auch ungefähr 20 Minuten dauern. Sie bieten zudem einen Transport zwischen dem internationalen und dem inländischen Terminal für $5. Virgin

Australia Reisende können diesen Transport kostenlos nutzen.

- Mit dem Bus: Überprüfe die Website (https://translink.com.au) nach Fahrpreisen und Umsteigemöglichkeiten

9.2.2 Was man in Brisbane unternehmen sollte

Nimm die gratis City Hopper Fähre

Während des Tages ist es sehr schön, am Fluss entlang zu spazieren (River Bar hat auch wirklich guten Kaffee). Eine tolle Sache ist es, die kostenlose rote City Hopper Fähre zur Southbank zu nehmen. Wenn das Wetter schön ist, könnte man das ganze Wochenende in Southbank verbringen. Es hat einen kleinen Markt, schöne grüne Flecken und kleine Regenwälder zum Sitzen. Sogar ein künstlicher Strand findet man dort und natürlich viele Restaurants.

Tanze Salsa

Jeden Freitagabend gibt es Latin Friday am Brisbane Square. Also, wenn du Lust auf eine Outdoor-Salsa-Party hast, bist du hier genau richtig. Wie großartig ist das denn? Ab 19.00 Uhr gibt es einen gratis Workshop für lateinamerikanische Tänze und ab 20.00 Uhr ist die Bühne offen zum Tanzen.

Geh feiern

Brisbane hat coole Ausgehmöglichkeiten. Darüber hinaus hatte jede Bar, die wir besuchten, Live-Musik! Ein Ort sah von außen sehr nett aus, aber sie ließen uns nicht rein, weil wir nicht elegant genug angezogen waren. Also haben wir uns am nächsten Tag ein bisschen besser angezogen und dann haben sie uns den Zugang zum **Cloudland** gewährt. Das war es wert! Ich fühlte mich wie im Märchenland. Und es hatte wieder Live-Musik!

Für Essen mochte ich das Chinesisch / Thai / vietnamesische Essen in Chinatown's **Green Tea Restaurant**. Das war lecker und die Portionen waren auch groß!

9.3 Noosa – Das Margaret River der Ostküste

Noosa ist eine bekannte Delikatessen-Region mit mehreren Food-Festivals das ganze Jahr über. Abgesehen davon, gibt es schöne Strände, Spaziergänge und die australischen Everglades, die man mit dem Kanu erkunden kann.

9.3.1 Was man in Noosa alles tun kann

Mache einen Spaziergang im Nationalpark

Der Spaziergang im Nationalpark war sehr schön. Auf dem **Palm Grove Walk** fühlte ich mich wie im Regenwald in Südostasien.

Der Weg zum **Aussichtspunkt** ist es auch wert. Es ist ein sehr, sehr steiler Weg, aber die Häuser, an denen du vorbeigehst, sind fantastisch. Nur für die Reichen. Des Weiteren ist die Aussicht atemberaubend! Glücklicherweise bin ich rechtzeitig zum Sonnenuntergang oben angekommen. Da ich keine Taschenlampe hatte, musste ich dann zurück zum Hostel joggen. Wenigstens war es dann bergab.

Gehe schwimmen oder surfen

Alle Strände hier sehen sehr hübsch aus und da das Nomad's Hostel kostenlose Surfboards anbietet, haben wir diese auch genutzt.

Mache eine Mangroventour

Dies ist der Must-Do Ausflug in Noosa! Ich habe die Everglades Tour mit der Discovery Group Tour Company gemacht und es war unglaublich! Einer der besten Tage, die ich hier hatte! Wir wurden um 10 Uhr im Hostel abgeholt und dann fuhren sie uns zu einem Steg, wo wir mit einer Gruppe älterer Leute ein Boot bestiegen. Sie würden die ganze Zeit auf dem Boot

bleiben und ein Mittagessen genießen, während wir die Bäche auf und ab paddeln würden. Etwa eine halbe Stunde fuhren wir auf einem großen Fluss und dann auf einem See zwischen Bäumen und Gras, Hausbooten, Campingplätzen und der Insel von Richard Branson vorbei, wo anscheinend eine Nacht 24'000 Dollar kostet. Dann erreichten wir einen kleinen Steg, wo wir Tee und sehr leckere Backwaren erhielten. Danach führte uns unser Guide zu den Kanus. Er erklärte uns, in welche Richtung wir folgen sollten. Etwa eine Stunde paddelten wir dem Süßwassergewässer entlang. Es war sehr ruhig und wunderschön mit dem Dschungel auf beiden Seiten des Wassers. Manchmal haben wir vergessen zu paddeln, weil wir die Landschaft so sehr genossen haben.
Wir haben es bis zum Mittagessen geschafft, ohne auszuleeren. Auf dem Grill kochte unser Guide Würstchen, Steak und Fisch für uns und auf dem Tisch konnten wir verschiedene Arten von Salat finden. Das Essen war köstlich und eine willkommene Abwechslung zu meinem einfachen Backpacker Essen. Nach dem Mittagessen hatten wir nicht wirklich Zeit zum Verdauen, denn die Kanufahrer mussten zurück paddeln, um rechtzeitig beim Ausgangspunkt zu sein. Auf dem Rückweg gerieten wir in eine Wikinger Wasserschlacht und ein paar Rennen. Am Ende kamen wir durchnässt an, aber da die Sonne noch draußen war, war das in Ordnung. Es hatte viel Spaß gemacht und ich hätte am nächsten Tag gerne noch eine Tour gemacht.

Besuche die Eumundi Markets

Mittwochs ist Marktzeit in Eumundi und das Nomad's Hostel bietet einen Shuttle-Service an. Ich bin froh, dass ich die Gelegenheit genutzt habe, dorthin zu gehen. Eumundi hatte so eine großartige Auswahl an Essen und man konnte viele Sachen probieren. Ich habe 10 Passionsfrüchte für $2 gefunden! Billiger als in Thailand. Eine willkommene Abwechslung im teuren Noosa.

9.4 Fraser Island ab Rainbow Beach

Dies ist ein Stopp für fast jeden Backpacker entlang der Ostküste und so sollte es auch sein! Du wirst unglaubliche Dinge sehen und großartige neue Freunde finden. Zunächst musst du jedoch die Inseleinleitung überstehen. Bereite dich auf drei Stunden Folter vor und bring ein paar Snacks mit. Du musst eine schreckliches 50-minütiges Sicherheitsvideo ansehen, das mich fast dazu brachte, herauszugehen und die Tour nicht zu machen, nur damit ich aufhören konnte, dieses Video zu sehen. Endlich war es vorbei, aber dann mussten wir einem Guide zuhören, der nochmals dasselbe erzählte und wie groß die Spinnen auf der Insel waren und wie unangenehm viele andere Dinge sein würden. Es klang wirklich nicht mehr sehr einladend. Wir wurden in unsere Gruppen aufgeteilt und ich endete mit zwei irischen Mädchen, zwei britischen Mädchen und einem britischen Paar. Wir wussten es damals nicht, aber das würde sich als die beste Gruppe dieser Tour erweisen. Bis wir alle unser 4WD und unser Zubehör hatten, dauerte es über eine Stunde, aber schließlich waren wir

bereit loszufahren. Jedes Auto hatte ein Walkie-Talkie und so konnten wir mit den anderen Autos von Brendans Gruppe kommunizieren. Wir erreichten die Fähre rechtzeitig und 20 Minuten später fuhren wir auf dem Sand von Fraser Island. Auf all den tollen Sand- und Waldwegen zu fahren, war unterhaltsam und abenteuerlich und darüber hinaus haben wir so viele coole Orte gesehen.
Jede Gruppe hatte Versorgungsboxen und eine Kochbox. Wir hatten vorher von anderen Gruppen gehört, dass es nicht genug Essen für die Reise gab, also hatten wir alle möglichen Snacks mitgebracht. Wir bekamen jedoch jede Menge Essen. Zum Mittagessen gab es immer Wraps oder Sandwiches mit einer Scheibe Käse, Salat, Tomaten oder Gurken und Aufschnitt. Es hat Spaß gemacht, wieder zu campen.
Am ersten Nachmittag machten wir eine 40-minütige Wanderung durch einen schönen Wald und am Ende waren wir plötzlich auf einer Sanddüne. Hinter der Sanddüne war ein schöner, grüner See. Es könnte ein Baggersee in Österreich gewesen sein, abgesehen von dem Sand um ihn herum. Es war eine schöne Erfrischung nach dem Spaziergang.
Im Camp wählten wir ein Zelt für zwei oder drei Leute und dann begannen wir sofort zu kochen, obwohl es erst 16.45 Uhr war. Gute Idee, da es nicht viele Kochstellen gab und meine Gruppe dann zu einer normalen Zeit essen konnte, während andere um 20 Uhr noch im Dunkeln am Kochen waren.
Irgendwann sind wir zu "Bett" gegangen. Angeblich gab es Schaumstoffmatten unter dem Zelt und es war weich genug, als ich mich zum ersten Mal hinlegte, aber die

ganze Nacht auf dem nackten Zeltboden zu schlafen, war sicherlich nicht der bequemste Ort, an dem ich je geschlafen hatte. Wenigstens war es ziemlich warm. Ich habe nur meinen Seidenschlafsack benutzt.
Zum Frühstück gab es Eier, Toast und Kaffee / Tee. Wir konnten uns wirklich nicht beschweren! Es gab Müsli, Erdnussbutter, Marmelade und Toast für den nächsten Tag. Wir hatten ein Handbuch für welches Essen wir wann benutzen durften :).
Nach dem Frühstück fuhren wir alle zum **Eli Creek**. Die Guides nennen ihn Hangover Creek, weil das klare Süßwasser magische Kräfte zum Heilen von Kopfschmerzen hat. Wir marschierten alle auf einer Holzpromenade entlang, um an den Anfang des Baches zu gelangen. Ich fühlte mich wie in einem Wasserpark, auf dem Weg zur Rutsche. Dann sprangen wir wie Pinguine in das (zunächst) ziemlich kalte Wasser. Es war wunderbar, sich den Bach runtertreiben zu lassen und dann am Strand des Ozeans zu enden. Ich hätte das gerne ein zweites Mal gemacht.
Dann hielten wir am **Schiffswrack** an. Brendon erzählte uns seine Geschichte und dann schafften es die Leute, die schnell waren ein paar Fotos zu machen. Es fing jedoch an, aus Eimern zu schütten und so sprangen alle zurück in die Autos. Da das Wetter am Nachmittag nicht so toll war, sind wir nicht zum Indian Head gefahren. Stattdessen führte Brendan uns zu einer riesigen Sanddüne vorbei an den Champagne Pools, wo normale Reisegruppen mit besserem Wetter nicht hinfahren würden. Die Düne war massiv und extrem steil, aber es war nicht viel anders, als einen steilen Hügel mit viel Schnee hinaufzulaufen. Die Aussicht von oben war

wunderschön, aber der lustigste Teil war wieder runter zu kommen! Wir haben alle Känguru-Sprünge gemacht, was bedeutet, dass man einfach in die Luft springt und dann ein paar Meter tiefer landet, wo man im Sand stecken bleibt. Es machte so viel Spaß!

Auf dem Weg zurück zum Camp machten wir einen Zwischenstopp bei den **Champagne Pools**. Sie sahen wirklich gut aus, wie in die Felsen gehauene Infinity-Pools, die einem beim Baden vor dem wilden Ozean schützen würden.

Am zweiten Abend hatten wir köstliche Steaks, Kartoffeln und Salat zum Abendessen. Wiederum war unsere Teamarbeit großartig und während die meisten anderen Gruppen noch um Platz auf dem Grill kämpften, rösteten wir bereits Marshmallows am Lagerfeuer :).

Wir gingen für eine Weile zum Strand hinunter, aber da es stockdunkel war, wollten wir nicht zu lange dortbleiben und als Dingo-Essen enden (nach all diesen Geschichten, die wir hörten ...).

Am nächsten Morgen mussten wir schon packen. Ich freute mich wirklich auf ein normales Bett und eine Dusche, aber die Zeit auf der Insel war einfach großartig!

Wir hatten eine lange, holprige, aber tolle Fahrt zum **Lake McKenzie**. Brendon behielt diesen Höhepunkt für den letzten Tag und glücklicherweise spielte das Wetter mit. Als wir den kristallblauen Süßwassersee mit dem extrem weißen Sand erreichten, war die Sonne draußen und der Himmel war klar. Jeder sprang ins Wasser. Es war wundervoll!

Dann folgte die Fahrt zurück zum Boot, was sehr aufregend war, denn die Flut kam ziemlich hoch und

unsere Jeeps mussten richtig Gas geben, um durch das Wasser zu kommen. Unsere Fahrer taten ihr Bestes, um nicht im Meer stecken zu bleiben. Es war aufregend und am Ende kein Problem. Wir fuhren zurück auf das Boot, das uns zurück nach **Rainbow Beach** brachte, wo wir nur unsere Autos ausladen mussten und dann endlich eine echte Dusche und saubere Kleidung genießen konnten.
Dann ging ich mit meiner Gruppe zum Abendessen. Es gab ein gutes Angebot für Pizza oder Fish and Chips mit einem alkoholfreien Getränk für 10 Dollar und das Essen war auch gut. Ein schöner Weg, unser Abenteuer zu beenden!

Viele meiner neuen Freunde sah ich weiter im Norden wieder, da alle dem Touristenstrom folgen. Als ich am nächsten Tag in den Greyhound-Bus nach **Agnes Water** stieg, kannte ich 90 % der Leute im Bus. Ich hatte so eine wundervolle Zeit in Noosa und Fraser und ich weiß, dass es vor allem auf diese großartigen Menschen zurückzuführen ist, die ich auf dem Weg getroffen habe.

9.5 Segeln in den Whitsundays ab Airlie Beach

Zwischen Fraser und den Whitsundays verbrachte ich eine Nacht in **Agnes Waters**, neben einem Ort namens Town of 1770. Es ist eine sehr kleine Stadt, aber das Cool Bananas Hostel, in dem wir wohnten, war fantastisch und der Strand wunderschön. Es lohnt sich, mehr als nur eine Nacht zu bleiben, denn hier fand ich die besten Surfbedingungen für fortgeschrittene Surfer.

Menschen waren jedoch nicht die einzigen auf dem Wasser. Über den Wellen schwebten etwa eine Million Schmetterlinge. Was für eine spezielle Ansicht.

Der Ausgangspunkt für die Whitsundays ist Airlie Beach. Dies ist ein weiterer touristischer Ort mit vielen Geschäften, Restaurants und Bars, aber ich fand es sehr angenehm dort. Man kann leider nicht im Meer schwimmen wegen der gefährlichen Quallen, aber es gibt eine wunderschöne Lagune, wo man sich entspannen kann, die Grillplätze nutzen und im Salzwasserpool schwimmen kann.
Unten am Steg erfuhr ich, dass die *Samurai* für die nächsten zwei Nächte unser Zuhause sein würde. Da wir nur 12 Passagiere (und zwei Besatzungsmitglieder) auf einem Boot waren, auf welches normalerweise 25 Leute passten (ich weiß wirklich nicht, wie das funktionieren würde), hatten wir alle eine Menge Platz.
Wir brachen an einem schönen Tag auf das offene Meer hinaus auf. In der Tat war das Wetter so schön, dass wir während der drei Tage nur 45 Minuten ohne Motor fahren konnten. Aber es hat auch so viel Spaß gemacht.
Unser erster Halt war **Hayman Island**. Die zertifizierten Taucher sprangen zuerst ins Wasser und wir hatten einen schönen 42-minütigen Tauchgang. Die Sicht war nicht so gut, aber es gab viele Fische und schöne Korallen und das Gefühl, unter Wasser zu atmen erinnerte mich wieder daran, dass ich wirklich mehr tauchen sollte.
Den Rest des Nachmittags ging ich schnorcheln, während unser Skipper einige andere Gruppen zu einem Einführungstauchgang mitnahm. Ich sah dieselben

Dinge beim Schnorcheln wie beim Tauchen, da alles im seichten Wasser war.
Den größten Teil der Nacht verbrachten wir damit, auf dem Deck zu liegen und den Himmel zu betrachten. Es gab soooo viele Sterne. Wir konnten die Milchstraße klar erkennen und es hatte viele Sternschnuppen.
Am nächsten Morgen fuhren wir zum **Whitehaven Beach**. Wir stiegen auf der anderen Seite der Insel aus, wo es zuerst Zeit für ein paar lustige Bilder war. Dann gingen wir zu dem atemberaubenden, weißen Strand, wo wir noch etwas mit den Kameras herumspielten. Dieser Strand war wirklich fantastisch! Schade, dass man Neoprenanzüge tragen muss, um im Wasser zu schwimmen, wegen den Quallen. Zum Glück habe ich keinen gesehen.

Nach dem Strand wanderten wir zum **Aussichtspunkt**. Die Aussicht von dort war noch besser als am Strand selbst. Das war wahrscheinlich das schönste Naturpanorama, das ich je gesehen habe. So eine

atemberaubende Mischung aus blauen, grünen und weißen Farben!
Nach dem Mittagessen gingen wir an einem anderen Ort schnorcheln und für den Sonnenuntergang fuhren wir zu einer Sandbank mitten im Ozean. Wir spazierten zum einen Ende der Insel und nach dem Sonnenuntergang gingen wir zurück und merkten, dass ein Teil der Sandbank jetzt unter Wasser stand. Gut, dass ich keine langen Hosen anhatte. Wir sahen sogar eine Schildkröte, die ihren Kopf aus dem Wasser streckte und einen kleinen Hai.
Die zweite Nacht war wieder wundervoll und am nächsten Morgen gingen wir um die Sandbank herum schnorcheln, aber es gab nicht viel zu sehen. Die Sicht war ziemlich schlecht. Es tat jedoch gut, einfach nur im Wasser und am Strand zu sein. Dann war es leider schon Zeit, zurück nach Airlie Beach zu segeln. Gute Musik, tolle Gesellschaft und schönes Wetter haben diese Reise perfekt gemacht!

Bisher waren Fraser und die Whitsundays (und Surfen) wirklich die Highlights der Ostküste. Die Strände und Farben vom Whitehaven Beach und das Beobachten der Sterne von dem Boot in der Nacht sollten etwas sein, das du weit oben auf deine Australienliste setzen solltest.

9.6 Cairns

Cairns ist das Tor zu den üppigen Regenwäldern im Nordosten Australiens und auch zu einem Schatz im Ozean; dem Great Barrier Reef.

9.6.1 Wie man vom Flughafen ins Stadtzentrum kommt

- Mit dem Taxi: Ein Taxi zum Stadtzentrum kostet zwischen $25 und $30 und dauert etwa 15 Minuten
- Backpacker-Shuttle: $6 zu deinem Hostel in der Innenstadt in ca. 45 Minuten und in 90 Minuten nach Port Douglas für $28.
- Mit dem öffentlichen Bus: Der "Connect" Bus bringt dich in 15 Minuten zum öffentlichen Busbahnhof im Stadtzentrum für $6.20

9.6.2 Was man in Cairns tun kann

Das Zentrum von Cairns ist ziemlich touristisch. Es gibt ein gutes **Einkaufszentrum** und eine **Lagune**, in der man schwimmen kann, da es im Meer wegen Krokodilen leider zu gefährlich ist.
Die Esplanade erstreckt sich über 7 km (das habe ich zuerst nicht gewusst und dachte, ich würde nur einen kurzen Spaziergang am Meer machen). Es gab schöne Parks, Spielplätze und Outdoor-Workout-Plätze. Sogar ein kleiner Boulder Kletterbereich.

Ein bisschen weiter vom Zentrum entfernt, aber einen Besuch wert ist der **Botanische Garten**. Er ist riesig und im Grunde ein Regenwalddschungel, der ziemlich cool ist. Vergiss jedoch nicht, dich mit Mückenschutzmittel einzusprühen oder dein Spaziergang wird verkürzt, weil du ihnen entkommen musst. Folge dem Red Arrow Pfad einen Hügel hinauf, von wo aus du einen schönen Blick auf das Meer und über den Flughafen hast.

Am Samstag ist **Rustys Markt** ein Muss. Den willst du nicht verpassen! Wir fanden günstiges Gemüse (perfekte Guacamole Avocados für 10 für $2! Ich aß Avocado für den Rest meiner Tage hier :)). Außer dem Gemüse kannst du leckeres Straßenessen und leckere Frucht-Smoothies kaufen.

9.7 Great Barrier Reef

Für Touren zum Great Barrier Reef, vor allem zum äußeren Riff, wirst du tief in deine Tasche greifen müssen, aber für solch ein einmaliges Erlebnis musst du das nötige Geld zusammenkratzen. Ich buchte eine Tour auf der **Ocean Freedom** und bestieg früh am Morgen das Schiff am Suffflotten-Terminal. Ich musste noch ein Tauchformular ausfüllen und konnte mir dann Kaffee, einen Krapfen und Obst aus einem riesigen und leckeren Obstteller holen. Ich fand einen schönen Platz auf dem Oberdeck im Schatten.
Wir fuhren ca. 1,5 Stunden zu einem Tauchplatz namens **Wonderwall**. Bereits wurde es den ersten, armen Leuten schlecht, aber zum Glück war ich von den Wellen nicht betroffen und war bereit, den ersten Tauchgang anzufangen. Wir sind vom Boot in eine unglaubliche Unterwasserwelt gesprungen. Ich wünschte ich könnte für immer dortbleiben! Das erste, was ich sah, war ein riesiger Fisch. Mindestens 1 m hoch und fast genauso lang wie ich. Es gab merkwürdig aussehende Pflanzen. Manche sahen aus wie Federn, die man auf einen Hut

setzen konnte. So viele bunte Fische in Mustern, die ich noch nie zuvor gesehen hatte. Sie sahen aus wie Süßigkeiten oder Eis. Und Fische in so einem intensiven Blau! Außerdem sah ich Nemo, seine Schwestern und Brüder und Cousins und Großeltern ... Es gab so viele Fische! Das Beste war, ich sah endlich eine Schildkröte! Und was für eine Schönheit. Außerdem sahen wir später noch eine zweite, die noch ein Baby war.
Es war einer der besten Orte, an denen ich je getaucht bin. Leider waren wir nach 40 Minuten schon wieder an der Oberfläche und machten Platz für die Schnupper-Gruppentauchgänge. Ich sprang mit meiner Schnorchel Ausrüstung ins zurück ins Wasser. Es gab einige Fischschwärme direkt hinter dem Boot und einen großen (1,5m) Barracuda mit gruseligen Zähnen, der ganz nah an mir vorbeischwamm, weil er glaubte, dass ich ihn füttern würde. Es gab viele Wellen und so wurde es mir dann sogar beim Schnorcheln ein bisschen mulmig. Zum Glück wurde auf dem Boot ein wunderbares Mittagsbuffet aufgebaut.

Nach dem Essen fuhren wir zu einer zweiten Stelle. Wir hüpften alle auf ein Glasbodenboot und hatten einen kurzen, geführten Ausflug über das Riff. Danach sprangen wir wieder ins Wasser und schnorchelten mit der leichten Strömung zurück zum Boot. Es war wundervoll. Wir waren irgendwo weit weg vom Festland, aber hier, mitten im Ozean hatte es eine Sandbank. Man könnte meinen, dass der Ozean tiefer wird, je weiter man vom Land entfernt sein würde. Nicht hier. Die tiefsten Stellen, wo die Korallen waren, waren nur etwa 4 m tief. Das Wasser war klar und so war es der perfekte Ort um

Fische und Korallen zu beobachten. Was für ein schöner Ort!
Zu früh haben wir den Rückweg angetreten. Zuerst kamen sie wieder mit einem Obstteller vorbei. Etwas später, mit einem Käsebrett und Crackern. Gerade als ich dachte, dass etwas Süßes schön wäre, trugen sie ein Tablett mit verschiedenen Kuchenscheiben herum. Ich war so glücklich, dass ich auf diesem Boot gelandet bin :)!

9.8 Port Douglas

Dies ist vielleicht kein Backpacker-Ort, weil es viele teure Ferienresorts hat, wo du ein paar schöne Tage genießen kannst. Wie auch immer, Port Douglas sieht einfach hübsch und romantisch aus und deshalb lohnt es sich wenigstens zum Abendessen anzuhalten und die gemütliche Straße entlang zu schlendern. Ansonsten ist es ein guter Ausgangspunkt, um den Daintree Nationalpark zu erkunden, falls du nicht den ganzen Weg zurück nach Cairns fahren möchtest.

9.9 Daintree Regenwald

Für diese Tour mieteten wir ein Auto in Cairns und zu meiner Bestürzung war es ein manuelles Auto. Ich musste den ganzen Tag ein geschaltetes Auto fahren mit dem Knüppel auf der linken Seite! In Anbetracht dessen denke ich, dass ich es ziemlich gut gemacht habe :). Es gab nur einen peinlichen Moment, als ich etwa eine halbe Minute brauchte, um das Auto an einer Einbahnstraße bei einer Baustelle wieder einzuschalten (es war eine Berganfahrt...). Lustig war, dass die Blinker und Scheibenwischer in diesem Auto auf der gleichen Seite waren wie in der Schweiz. Offensichtlich wissen die Australier nicht, was sie wollen.

Nach einer 40minütigen, kurvigen Bergstraßenfahrt erreichten wir Kuranda, die eine ähnliche Hippiestadt wie Nimbin sein sollte, nur größer. Jeden Tag gibt es einen Markt, aber er war nicht sehr geschäftig. Trotzdem war es einen Stopp wert, vor allem aber wegen der **Barron Falls**. Sie sind eine kurze Fahrt von der Stadt entfernt. 2 Minuten vom Parkplatz liegt ein Aussichtspunkt mit einem tollen Blick auf die Wasserfälle. Mache den schönen Spaziergang Pool der großen Wasserfälle mit einem erfrischenden Bad.
Unser nächstes Ziel war **Mossman Gorge**. Wir fuhren an Port Douglas vorbei und parkten das Auto auf dem großen Parkplatz in der Mossman Gorge. Ich habe nicht erwartet, dass dieser Ort so touristisch ist! Du könntest für einen Shuttlebus bezahlen, der dich zum Eingang der Schlucht bringt oder du kannst für 20 Minuten auf einer normalen Straße laufen, wo die Shuttlebusse dich alle paar Minuten überholen. Wir spazierten durch ein Dorf mit Aborigines und sahen schon ein paar hübsche Gewässer. Es gab auch wunderschöne blaue Schmetterlinge.
Der längste Weg, den man spazieren kann, wenn man die Waldwege erreicht, ist nur 45 Minuten entfernt, sodass wir nicht wirklich keinen Grund für den Shuttlebus gesehen haben.

Der Regenwald war sehr üppig und grün und ich liebte die Farnbäume, die wie Palmen aussahen. Die berühmte Brücke war teilweise eine Hängebrücke. Sie bewegte sich, wenn Leute darauf gingen! Das Wasser im Bach war sehr klar und schön, ich musste einfach hineinspringen. Sehr erfrischend! Dann gingen wir zurück zum Eingang und aßen im Picknickbereich zu Mittag.

Dann hatten wir noch eine Stunde Fahrt vor uns, um zum Fluss zu gelangen, wo wir mit der Autofähre nach Cape Tribulation rüber schifften. Es kostete $23 / Auto für eine Hin- und Rückfahrt mit der Fähre. Es dauert nur 2 Minuten, den Fluss zu überqueren! Halb scherzhaft fragte ich den Mann, ob wir das Ticket für $22 bekommen könnten, um es einfacher durch vier Leute teilbar zu machen und zu unserer Überraschung stimmte er einfach zu. Dann begann der richtige Fahrspaß. Die Straßen waren sehr kurvig und gingen auf und ab durch den Regenwald. Es war das erste Mal seit WA, dass es sich anfühlte, wieder auf einer Outbackstraße unterwegs zu sein, wo man sich wirklich auf das Fahren konzentrieren muss und wo es sich eher wie eine Achterbahnfahrt anfühlt. Es hatte viele, recht große, gefährliche Schlaglöcher im Boden. Ich bin froh, dass wir in einem Mietauto waren, denn ich würde mein Auto nicht dieser Straße aussetzen wollen. Trotzdem hatte ich eine tolle Zeit dort zu fahren (und das mit einem manuellen Fahrzeug), ich hoffe, meine Mitreisenden auch :).
Leider haben wir kein einziges Tier gesehen (außer den rothaarigen Truthähnen, die es überall hat). Das war ein bisschen enttäuschend. Wir hätten mehr Zeit gebraucht,

um bessere Spaziergänge zu finden, aber da es anfing zu regnen, sind wir nur an einen Strand gefahren. Der Strand war immer noch hübsch mit all den Mangroven im Wasser und **Alexandra Lookout** wäre wahrscheinlich an einem schönen Tag noch lohnender. Um wirklich Tiere in der Wildnis sehen zu können, empfehle ich einen geführten Spaziergang mit einem Ranger zu machen. Mehr Informationen zu geführten Touren und Unterkünften im Daintree Forest oder Cape Tribulation findest du hier (http://rainforesthideaway.com.au/guided-rainforest-night-walks.htm).
Da wir nicht im Dunkeln im Regenwald enden wollten, fuhren wir am späten Nachmittag zurück. Die Fähren würden jedoch bis Mitternacht den Fluss überqueren.

9.10 Für Wasserfall-Liebhaber

Das Beste an der Gegend nördlich von Cairns ist, dass es so viele herrliche Wasserfälle gibt. Mit einem gemieteten Auto kann man diese ganz einfach einen Tag zu erkunden. Hier ist eine Route, um sechs an einem Tag abzuklappern.

Beginne früh um ca. 7.30 Uhr und fahre zu den südlichen **Tablelands**. Genieße die Aussicht auf die wunderschöne Landschaft. Dein erstes Ziel ist das kleine Kuhdorf **Millaa Millaa**, wo du verschiedene Wasserfälle entdecken kannst. Auf der Wasserstraße von Millaa Millaa besuchst du die **Millaa Millaa Falls**, die aus einigen Shampoo-Werbespots berühmt sind, **Zilliee Falls** und **Elinjaa Falls**, die ebenfalls hübsch sind. Die

Millaa Millaa Falls sind ein großartiger Ort zum Schwimmen und um eine Massage aus dem fallenden Wasser zu genießen. Vergesse nicht, das Foto zu machen, wie du deine langen Haare zurückschwingst.
Die Zilliee Falls sind nur einen kurzen Spaziergang durch den Regenwald entfernt und bieten einige tolle Fotomotive von der Aussichtsplattform oben an den Fällen. Die Ellinjaa Falls sind ebenfalls nur einen kurzen Spaziergang entfernt. Sie sind besonders in der Regenzeit beeindruckend.
Spring nun zurück in dein Auto und fahre tiefer in die Tablelands, über grüne Hügel bis zu den **Mungalli Falls**. Dies ist der höchste Wasserfall in den Tablelands mit 90m Höhe und Wasser über 3 Ebenen. Das lustige in dieser Gegend ist die lange Rutschbahn, welche man hinunterrutschen kann. Es ist jedoch nur für Gruppen geöffnet und du solltest dich unter mungallifalls@mungallifalls.com erkundigen, um weitere Informationen zur Durchführung der Rutschpartie zu erhalten.
Ein weiterer Höhepunkt ist **Millstream Falls**, Queenslands breitester Wasserfall über eine Ebene. Nachdem du genug Fotos gemacht hast, machst du dich auf den Weg zum letzten Wasserfall des Tages bei dem beeindruckenden und interessanten **Mt. Hypipamee Crater**. Der Krater ist ein tiefes, zylinderförmiges Loch, das mit Wasser gefüllt ist und von der Aussichtsplattform am Rand des Kraters gibt es spektakuläre Ausblicke. Hier siehst du die **Dinner Falls**, von denen das unterste Level am beeindruckendsten ist.

10 Ein Blick in den Rückspiegel

Wow, wir haben es geschafft! Einmal um Australien herum und quer durch die Mitte. Mehrmals wurde ich gefragt, was mein Lieblingsort sei. Es ist eine so schwierige Frage, aber ich habe versucht, ein paar Listen zu erstellen, die du bereits im Abschnitt Highlights am Anfang des Buches gesehen hast. Australien hat definitiv meine Erwartungen erfüllt oder sogar übertroffen. Ich hatte tolle Roadtrips durch das Outback und auf immer geraden, endlosen Straßen. Ich schlief unter schönen, sternenklaren Nachthimmeln in einem von der Natur umgebenen Zelt und war beeindruckt von charmanten und modernen Städten mit netten Kaffeeplätzen und leckeren Restaurants. Ich hoffe, dass du in Australien genauso eine großartige Erfahrung machen wirst wie ich und auch so viele nette Leute kennenlernen wirst. Dann wirst du erkennen, dass man heute immer noch positive Abenteuer in dieser Welt haben kann und dass unsere Erde ein schöner Ort ist, welcher es Wert ist, noch mehr davon zu sehen.

Dinge, die mich überraschten:

- Vogelpfiffe in vielen verschiedenen Melodien und ganz anderen Melodien als in Europa. Es hört sich an, als würden Menschen pfeifen oder ein Lied im Radio laufen, Affen streiten oder jemand, der lacht.

- Die Duschen haben alte Wasserhähne, um das heiße und kalte Wasser zu regulieren (mit zwei

Griffen). Es dauert ewig, bis das Wasser die gewünschte Temperatur erreicht hat. Was für eine Wasserverschwendung!

- Es gibt mehr Orte ohne Internet oder Telefonempfang als irgendwo sonst auf der Welt, wo ich je war.

- Hilfreiche Menschen und freundliche Menschen an Orten, wo wir sie am wenigsten erwartet haben.

- Es ist möglich, für 2000km keinen McDonalds in irgendeine Richtung zu haben! (Gleiches für Starbucks und H & M)

- Große Vögel, große Adler, große Fische, große Kängurus, große Spinnen (alles gibt es hier in allen Größen!) Außerdem sehen die Augen von Spinnen im Licht einer Taschenlampe wie Diamanten aus.

- Koalas und Opossums zu sehen ist so toll für Leute wie mich, die sich freuen, wenn sie ein Eichhörnchen sehen, weil ich zu Hause kaum ein wildes Tier sehe.

- Wie viel Regen und Kälte Australien im Winter bekommt! Ich wählte nicht genau das richtige halbe Jahr, um zu reisen, oder schon? Zumindest gab es nicht so viele Touristen, aber meine Illusion vom sonnigen Australien ist erschüttert.

- Ciders. Wir müssen mehr Marken in die Schweiz importieren.

- Auf allen Fernsehern in öffentlichen Bereichen lief immer eine Kochshow. Die ganze Zeit!! Oder The Voice of Australia.

- Australien hat gute Schokolade!

- Wie die Treibstoffpreise auch unter der Woche variieren konnten! Von 1.34 bis 1.63! Es lohnt sich, online nachzuschauen (zumindest in Perth, hat das funktioniert).

- Dass meine Studenten-Rabattkarte an der West- und Südküste nicht funktioniert hat. Sie akzeptierten nur lokale Karten, obwohl STA mir sagte, dass die ISIC-Karte eine australische Erfindung sei.

- Pensionierte Australier scheinen die besten Rabatte zu bekommen.

- Die erstaunliche Natur. Ich wusste bevor ich hier ankam, dass es wirklich sehr schöne Orte hat in Australien, aber ich konnte trotzdem einfach nicht aufhören "Wow" zu sagen.

Brauchst du noch mehr Informationen?

Falls du noch weitere Informationen brauchst, helfe ich dir gerne soweit es möglich ist. Du kannst mich folgenderweise kontaktieren oder mir auf jenen Kanälen folgen.

(b) www.swissmissontour.com
(i) @swissmissontour
(f) SwissMissOnTour
(w) www.slgigerbooks.wordpress.com
(@) swissmissstories@gmail.com

Wie findest du diesen Reiseführer?

Falls dieser Reiseführer hilfreich für dich war, würde es mir viel bedeuten, wenn du eine kurze, positive Rezension auf Amazon hinterlassen würdest. Zudem kannst du dann gleich schauen, welche «I love…» Reiseführer es sonst noch von mir gibt 😊

Weitere Bücher von S. L. Giger und SwissMiss on Tour

33070059R00101

Printed in Poland
by Amazon Fulfillment
Poland Sp. z o.o., Wrocław